U0726563

主要作者及丛书简介

雅克·马丁：法国著名漫画大师，1921年生于法国斯特拉斯堡，早年便在漫画方面表现出过人的天赋，与著名漫画家埃尔热和雅各布并称为“布鲁塞尔学派”的三个代表人物。1948年，马丁创造出阿历克斯这个生活在恺撒时代的罗马青年形象，并在《丁丁》杂志上开始连载他的故事。凭借着广博的历史和文学知识、娴熟的绘画技巧以及对古代建筑精细准确的再现，马丁创立了一个以严谨考证为基础的历史漫画创作流派。1953年，马丁与埃尔热工作室合作，参与了几部丁丁漫画的创作。1984年，马丁获得法国艺术文学骑士勋章。1988年，卡斯特曼出版公司大规模出版“阿历克斯历险记”丛书，以庆祝马丁创作这套系列漫画40周年。马丁一生共创作漫画120多部，累计销量超过1000万册。2010年1月21日，马丁在瑞士逝世，他的助手们目前在继续他的系列漫画的创作。

“时光传奇”丛书：“阿历克斯历险记”系列漫画是雅克·马丁一生中最重要、最畅销的作品，也是世界漫画史上的经典作品之一。“时光传奇”丛书的重要组成部分即为“阿历克斯历险记图解历史百科”丛书的中文版。在本书中，阿历克斯和他的伙伴将穿越时空，带领读者领略各大古文明的兴衰。

特别感谢**吉利·夏莱**对本分册的大力帮助。

法国漫画大师雅克·马丁作品

[法] 雅克·马丁 著
尹明明 苏湘宁 宫泽西 译

北 京 出 版 集 团
北 京 出 版 社

目 录

年 表

公元前

前8世纪： 帕拉丁山上出现了第一批茅屋村落。

前753年： 罗马神话中，罗慕路斯在这一年建立了罗马。

前753—前509年： 罗马三政时代，也是伊特鲁里亚人占领时期。

前509—前27年： 罗马共和国时期。

前390年： 高卢人围困罗马。

前264—前146年： 布匿战争，西庇阿家族当权时期。

前133—前123年： 格拉古兄弟执政。

前107—前78年： 马略与苏拉执政。

前60—前44年： 罗马前三巨头——恺撒、庞培与克拉苏。

前44年： 恺撒遇刺。

前44—前27年： 罗马后三巨头——屋大维、雷必达与安东尼。

前27—476年： 罗马帝国。

前27年： 屋大维·奥古斯都成为罗马帝国第一任皇帝。

公元后

以下列出的是部分罗马皇帝的名单：

前27—68年（朱里亚·克劳狄王朝）：奥古斯都、提比略、卡里古拉、克劳狄乌斯、尼禄。

68年（四帝内乱期）：加尔巴、奥托、维特里乌斯。

69—96年（弗拉维王朝）：韦斯巴芗、提图斯、图密善。

96—193年（安敦尼王朝）：涅尔瓦、图拉真、哈德良、安东尼努斯·皮乌斯、马尔库斯·奥里略、卢基乌斯·维鲁斯、康茂德。

193年（193年内乱期）：佩尔蒂纳克斯、狄底乌斯·尤利亚努斯。

193—235年（塞维鲁王朝）：塞普提米乌斯·塞维鲁、卡拉卡拉、盖塔、马克里努斯、迪亚杜门尼安、埃拉伽巴路斯、亚历山大·塞维鲁。

235—268年（军事无政府时期）：马克西米努斯·色雷克斯、戈狄亚努斯一世和二世、普皮恩努斯、巴尔比努斯、戈狄亚努斯三世、阿拉伯人腓力、图拉真·德基乌斯、赫伦尼乌斯、霍斯蒂利安、加卢斯、沃鲁西安努斯、埃米利安努斯、瓦莱里安、加里恩努斯、萨洛尼努斯。

268—284年（伊利里亚诸帝）：克劳狄二世、昆提卢斯、奥勒良、克劳狄·塔西佗、弗洛里安努斯、普罗布斯、卡鲁斯、卡里努斯、努梅里安。

284—395年： 戴克里先、马克西米安、伽列里乌斯、君士坦提乌斯一世、塞维鲁二世、李锡尼、马克西米努斯·达亚、瓦莱里乌斯·瓦伦斯、马提尼安努斯、君士坦丁一世、君士坦丁二世、君士坦提乌斯二世、君士坦斯一世、尤利安二世、约维安、瓦伦提尼安一世、瓦伦斯、格拉提安、瓦伦提尼安二世、狄奥多西一世。

奥古斯都统治时期的古罗马行政区划

注：本书插图系原文插图。

前 言

1956年，“阿历克斯历险记”系列推出第一部的时候，并未在出版界引起很大反响。事实上，我们在出版该系列图书的第一册时，书中半数的页面为彩色而另一半却是黑白的，这是图书的重大缺陷。幸运的是，一些读者依旧孜孜不息地追寻着、探索着书中的古代文明。其中就有一位来自法兰西岛的年轻人，名叫吉列·夏莱。他在书中描绘的世界中纵情驰骋，对书中的时代和人物心怀热情，因为图书的出版速度并不像他想的那么快，所以他便毫不犹豫、兴致勃勃地开始参与创作阿历克斯的故事，在其中寻找乐趣。在创作历程中，他想象着台伯河上的座座水坝，指引他来到恺撒生活的时代，仿佛看见了如《奥利巴尔的王冠》中描述的场景，恺撒在赢得一场场史诗般的战斗之后溘然长逝。这些曼妙的神思又促使他继续前行，开始了一项以古罗马为主题的宏大的创作工程，并为之付出了多年的心血。他在研究过程中力求完美，最终结出了如今的硕果。

所以，对于本书及接下来两册书中建筑的复原图及其他插图的绘制，吉列·夏莱是最适合的人选。这套图书的创作，也将是他一个儿时的梦想与一次裨益良多的长期协作的结晶。

我们同心协力，只为能最大限度地再现这座最负盛名的古典都城。诚然，古城仍有众多遗迹，但却不再完整。无论在任何地方，我们都无法完整保存这些逝去的辉煌，这个道理显而易见。因此，我们需要新的建筑拔地而起，让建筑与艺术不断彰显自我，但这不能以毁坏之前的建筑与艺术杰作为代价。如今大部分名胜古迹之所以遭到毁坏，一方面是因为人们冷漠无知，另一方面是因为战争的摧残，这是有目共睹的。

马尔库斯·奥里略骑马像

本书描绘的是处于全盛时期的罗马。此时，在行将覆灭的前夕，这座“万城之城”[1]财富四溢，奢华程度举世无双。不过，罗马城规模庞大，几个世纪后才完全瓦解、沦为废墟。这座非凡之城唯我独尊，主宰着整个国家，从南到北，从大海的边缘到沙漠的尽头。

这一切，随着时光的流逝仅仅余下了残垣断壁，些许残破老旧的大理石仍在闪闪发光，赭石色的砖瓦和一座座山峦遥相呼应，接受浪漫主义大树的庇护。可有时候，从那雄伟的竞技场，从那已成废墟的古罗马广场，我们似乎隐约听到了罗马城熙熙攘攘的喧嚣声。在稍远的地方，当风儿吹拂着高大的柏树之时，我们似乎依稀听到了斯巴达克斯的同伴们忍受十字架酷刑的呻吟声，那些受刑的人沿着大道一字排开，而这条大道却再也不会指引他们走向远方。

显然，阿历克斯将闲步于这座永恒之城迷宫般的街巷之中，览尽上演着光影游戏的广场，走过威严的堡垒要塞，留宿奥斯提亚港埠，再折返至环城而落的院郎和名胜近旁。最后，他会在那一条条众所周知的道衢之上行进，道衢辐射之远，直抵蛮族的森林。

雅克·马丁

【1】原文为“Urbs”。该词为拉丁语，首字母小写时，意为“古代的城市”；首字母大写时，意为“万城之城”。

罗马——从起源到君士坦丁时代

古罗马广场一隅

由不知名游牧部落中的一个村镇，变成最为广阔、富庶、美轮美奂的古典之城，需要千年时光。10个世纪的辛勤劳作，为历代文人著述颂扬。

罗马城为其统治者提供一切力量。它坐落在一座座突兀的山丘之中，高居盐运要道，倚靠着第一座依台伯河而建的临海大桥。这种得天独厚的地理位置没有逃过伊特鲁里亚人的慧眼。前7世纪，他们横渡台伯河，占据了这片被他们称为“鲁蒙”（Rumon），即“河流之城”的地方。

作为城市初期的建设者，他们用一道名叫“塞尔维乌斯·图利乌斯”的城墙将七大山丘上的各个村落囊括其中。罗马城中第一次出现了排水管道，将山谷中低洼地带的水排干。不久之后，朱庇特神庙耸立于卡皮托尔山（Capitole）之巅，六七十年之后，雅典的帕提侬神庙才焕发光彩。前509年，在罗马人将伊特鲁里亚人逐出之际，罗马已经成为意大利最为雄伟的城市。

接下来的5个世纪中，在共和政体的影响下，各位执政官因为忙于征战，并未对他们的城市建设投入过多精力。第一批住房诞生于布匿战争时期，然而在这一时期，美化装点罗马的纪念建筑少之又少。当然，这一时期有许多木质结构的神庙，供奉着罗马人的诸位保护神，但没有建筑能与西西里或爱奥尼亚等灿烂的希腊化城市中的建筑相提并论。

在这一时期，罗马贵族的青年才俊是在雅典完成学业的，雅典与亚历山大里亚一样，是文化的灯塔。所以，当青年回到家乡时，难以抑制内心的菲薄之感：罗马只是一座通过吞并邻近的城市和郊区形成的大城市，杂乱无章，毫无优雅可言，并不能引起他们的兴趣。

尤利乌斯·恺撒想要改善这一状况。首先，他推行了一项将在后世留名的法律——《尤利乌斯城市法》。在白天，禁止一切交通工具在围墙内通行。所以说，是这位独裁者创造了世界上首个步行街区！

法律也为城市的种种大型建设工程创造了条件，比如，采取措施令台伯河改道从而为城市建设留出空间等。种种日新月异背离了老罗马人的保守精神，最终引起了“奥林匹斯诸神”的愤怒。恺撒于前44年3月15日遇刺。

恺撒的继承人屋大维以“奥古斯都”为名号，成为罗马帝国的第一任皇帝。他再度拾起舅外公[1]的计划，但在经过一番慎重考虑后，抛弃了其中令台伯河改道的部分内容。在他的统治时期，罗马成了一个巨大的工地，城中的建筑变得奢华宏伟。在迟暮之际，奥古斯都毫不谦虚地说道：“我即位之际，罗马是砖瓦之城；我辞世之际，罗马是大理石之城。”

当然，他有夸大其词之嫌，因为罗马城的建设还有许多任务要完成，但他的继任者们没有让人失望，继续日复一日，年复一年地进行建设。而且，他们还要优先弥补因天灾人祸而导致的损失，比如尼禄统治时期那场席卷罗马城三分之二面积的大火。罗马的诸位皇帝总是想要兴建大型建筑，总是想要他们的建筑最为雄伟华美。

这种对建筑的渴求并不意味着万无一失。在罗马城中依旧浓烟滚滚的废墟之上，尼禄开始施行他的建筑计划，但是抗议之声不绝于耳：“罗马城就要变成皇宫了。公民们，去维伊安家吧，至少不会有人霸占那里的房子！”

200多年后，君士坦丁大帝成了古罗马城最后一位伟大的建筑师……

蛮族正在入侵帝国的征途中，颓势已然显现。作为时代的印记，君士坦丁凯旋门中半数的浅浮雕直接取材自图拉真凯旋门，而后者比前者早了2个世纪。

此时的罗马城进入鼎盛时期，有约100万居民，其中大部分居民拥挤地住在建筑质量参差不齐的楼房中，生活在各种园林、宫殿还有纪念建筑的夹缝中。

罗马建城者罗慕路斯与雷穆斯的雕像

【1】屋大维的母亲是恺撒的外甥女，即恺撒是屋大维的舅外公。

注：因供图方分别来自不同国家和地区的个人、网站、博物馆和科研机构等，故本书只保留供图方原文，以便读者查阅和考证。

当时的罗马城分为14个区域，拥有11个广场、11座浴场、37个城门、9座大桥、12座会堂、43座凯旋门、28座图书馆、2座圆形剧场、5座竞技场、2处海战水上表演场、3座剧院、1座音乐堂、1座体育馆、856座公共浴场、由19条供水干道提供水源的1352处喷泉、约200座神庙、11个纪念柱、2座巨型雕像、22尊骑马像、80尊镀金神像、80尊象牙雕成的神像、3000多位建筑物上浮雕刻画的杰出人物、26处门廊和6座大方尖碑。

在这份令人印象深刻的清单中，还得加上265座供奉十字路口保护神拉尔（Lares Publics）的小神庙、22座营房、355个货栈、204间面包房、2300个榨油作坊、144个公共厕所、1790座私人住宅、46602座公共住宅和46间妓院。

罗马城的命运跌宕起伏。传说，这座城市还有一个能庇护自身的秘密名字，只有安格隆尼亚（Angéronia）[1]女神才知晓。罗马人堵住了女神神像的嘴，以防她泄露秘密。直至有一天，一名好事者取下了塞嘴的布条，然后透露了一个词：“瓦伦西亚（Valentia）。”这种神秘的“英勇行为”激起罗马人心中的熊熊怒火，同时，这一渎神的行径也令罗马政界哗然，最终这个渎神者惨死于十字架上。众神的怒火终于平息，人们也松了一口气。事实上，女神“泄露”的仅仅是借口：罗马城的另一个名字必须是个秘密，不准任何人私下议论，因为这就是“ROMA（罗马）”四个字母颠倒位置后形成的名字——“AMOR（爱）”！

1. 奥古斯都陵寝
2. 奥古斯都和平祭坛
3. 安东尼努斯圆柱
4. 马尔库斯·奥里略圆柱
5. 尼禄浴场
6. 哈德良神庙
7. 万神殿
8. 阿格里帕浴场
9. 庞培剧场
10. 庞培柱廊和库里亚
11. 四神殿圣域
12. 米努奇娅柱廊和宁芙神庙
13. 巴尔布斯剧场
14. 腓力柱廊
15. 李维柱廊
16. 阿波罗和贝罗纳神庙
17. 马塞卢斯剧场
18. 弗拉米乌斯竞技场
19. 埃斯库拉庇乌斯神庙
20. 朱诺·莫尼塔神庙
21. 卡皮托尔山的朱庇特神庙
22. 库柏勒神殿
23. 阿波罗神庙
24. 提比略皇宫
25. 维纳斯与罗马神庙
26. 赫里奥伽巴卢斯
27. 君士坦丁凯旋门
28. 塞拉皮斯神庙
29. 君士坦丁浴场
30. 奎利纳斯神庙
31. 克瑞斯神庙
32. 月亮神庙
33. 朱诺女王神庙
34. 狩猎女神狄安娜神庙
35. 密涅瓦神庙
36. 李锡尼乌斯·苏拉的屋舍和浴场
37. 德西宇斯浴场
38. 善神神庙
39. 光明神祇朱诺神庙
40. 伽卢恩凯旋门
41. 萨卢塔里斯门
42. 圣加利斯门
43. 卡尔门塔门
44. 特里加米那门
45. 拉乌杜斯库拉那门
46. 盖乌斯·塞斯提伍斯金字塔
47. 法布里修斯大桥
48. 塞斯提伍斯大桥
49. 艾弥利乌斯大桥
50. 苏布修斯大桥

【1】安格隆尼亚，又名安格隆纳，她是罗马城以及罗马秘密名称的守护神。相传，她不能说出罗马的秘密名字，以防止敌人知晓。

罗马市中心全景

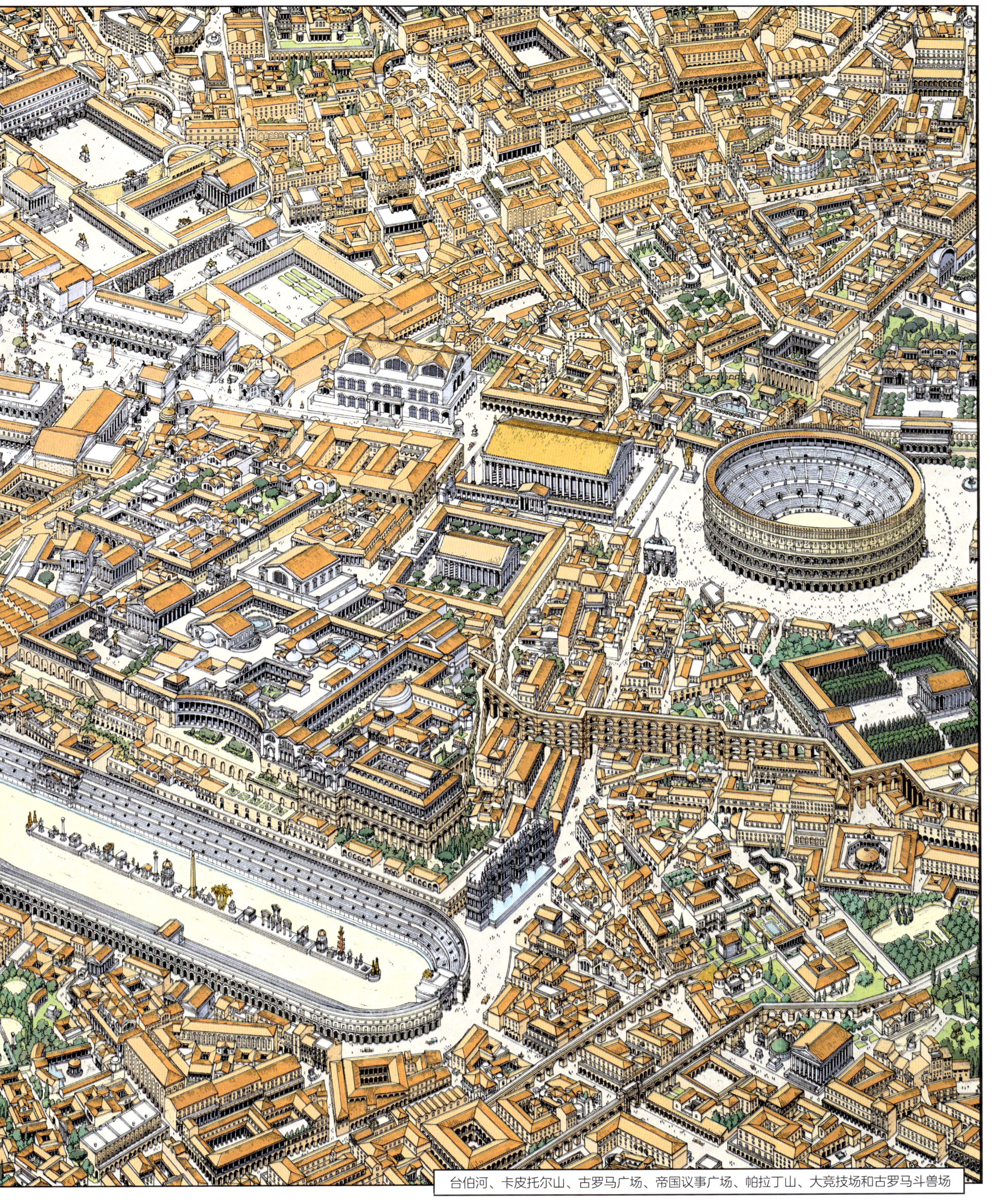

台伯河、卡皮托尔山、古罗马广场、帝国议事广场、帕拉丁山、大竞技场和古罗马斗兽场

古罗马广场

熙熙攘攘的古罗马广场，曾是罗马城跃动的心脏，如今已成为废墟。从这开始，历史绵延了1000年，这里是许多历史事件的发生地。古罗马广场也是世界上最为宏伟的古代建筑群之一。

安东尼努斯与法乌斯蒂娜神庙。法乌斯蒂娜是安东尼努斯的妻子，于141年去世。安东尼努斯将其神化，并在圣道上为其修建了神庙。世人大为惊诧，因为法乌斯蒂娜素来以放荡闻名。在兴建米兰达的圣洛伦佐教堂期间，建筑师们保留了原有神庙的柱廊，并在其后加上了新教堂巴洛克式的门脸

起初，这里不过是一片位于帕拉丁山、卡皮托尔山和埃斯奎林山之间的低洼地带，是附近村落的墓地。由于其地理位置适中，在城市以及郊区之外，这里成了集会之地，居民们也养成了在这里售卖产品的习惯。

伊特鲁里亚人排干了沼泽，挖掘了罗马的第一条水道，即“马克西姆下水道”，他们给广场铺上鹅卵石，不久又将鹅卵石换成了石板。虽然商人在广场四周安营扎寨，开起了商店，但广场的中央却是为政治集会、演讲和选举活动而准备的。随后，这里又建起了第一批神庙、演讲用的讲坛和用来召集会议的会堂；元老院也建设完毕，用来接待元老；紧接着，法比乌斯、奥古斯都、提比略、提图斯和塞普提米乌斯·塞维鲁的凯旋门相继建立，纪念性柱廊和有题词的地基也在这里建立起来。大理石或铜制的全身像一部分围绕在这些建筑周围，另一部分沿着贯穿广场的圣道一字排开。这些雕像的数量过于庞大，以至于人们需要定期将部分雕像撤至外围以迎接新成员。放眼望去，处处是高大的柱廊、宏伟的凯旋门以及巨大的雕像，真是一个黄金大理石堆砌的繁华世界!

罗马公民一天中的大部分时光是在广场上度过的。在讲坛高处，有一个雕刻着亚克兴海战中俘获的船只的看台，大法官正在那里向人民高谈阔论；当然，这里堵住了反对派人士进入会场的通路。在罗马共和国时期，这些富有煽动性的演讲最后往往会引起肮脏的斗殴，甚至会恶化为抢劫。有些人会支持某位善于蛊惑人心的政客。有一天，一些人在极度兴奋的精神状态下，将元老院的长椅聚集起来付之一炬[1]，这一令人肃然起敬的建筑从此化为灰烬。那时的西塞罗大概躲在了尸体堆的下面才逃过了闹事者的追杀。是夜，古罗马广场血流成河，需要用大量海绵才能彻底清洗广场上的血迹。几年后，西塞罗的头颅和双手也被高高地悬挂在讲坛之上[2]。那么，女性会来到广场，参与元老院中那些元老的议题吗？毕竟，正是元老院对她们奢华的服饰是加以限制的。那一时期谋杀、暴乱、火灾、死刑，这些事件在古罗马广场的日常生活中此起彼伏。

这块精美的下楣原属于装饰埃米利娅会堂内部的一块中楣，现在已经完全消失

似乎有人觉得还不够疯狂，于是广场上出现了其他奇异的景象，比如如雨而下的牛奶、鲜血或是成群的蜜蜂等“不祥之物”！某个阳光明媚的日子，萨图恩神庙的上方还出现了一道彩虹及三日凌空的景象。

帝国时期，人们的参政热情逐渐消退，广场成为罗马人最为中意的散步场地。喜欢高谈阔论的人继续轮番在讲坛上一展风采，哪怕他们现在的演说空洞无物——对政府歌功颂德，进而得以自满，这并不是演讲人的欲求。他们还会就一些尖锐的话题唇枪舌剑一番，对其付诸全部激情!

表演到处都有。虽然为凯旋仪式鼓掌欢呼的机会并不多见，但好事者总有机会看到展出的珍禽异兽，或是欣赏艺术品，不过，其中的品位未必会很好！比如有幅图中，一个丑陋的高卢人伸长了舌头，并把它卷起来。一位条顿[3]的使者认为一张画上的牧羊人形貌丑陋，他当然也无法接受这幅画的形象，哪怕参观是免费的!

在广场的中央，各种各样惹人讨厌的家伙聚集在一处，有乞丐、酒鬼、蹭吃蹭喝的食客，还有专门负责传递坏消息的人。罗马人就在这群人中招募人手或是雇用艺人，以确保私人晚宴取得成功。裘图恩喷泉（Fontaine de Juturne）附近，聚集了一批病患者，他们希望能发生奇迹，以泉水治愈自己的疾病。无论高价拍卖、奴隶买卖，还是诉讼案件、火刑，或达官显贵的葬礼，广场上总能聚集一大批民众，这些民众来自三教九流，鱼龙混杂。

罗马人可以通过新路买到异域水果，在货币兑换商路上，银行家们开始营业。贩卖巴比伦地毯的商人、江湖郎中和冒牌的女祭司在这群游手好闲的人中到处

【1】前52年，普布利乌斯·克洛狄乌斯·普尔喀（约前93—前52年，平民派政客，与西塞罗为敌）的支持者纵火烧了元老院。
【2】前43年，西塞罗被杀害，按照习俗，其双手和头颅被悬挂在讲坛上面。
【3】条顿人是古代日耳曼人中的一个分支，前4世纪时大致分布在易北河下游的沿海地带，后来逐步和日耳曼其他部落融合。后世常以条顿人泛指日耳曼人及其后裔，或是直接以此称呼德国人。

游荡。大人、小孩则坐在广场建筑的大台阶上，掷骨头、玩骰子，在大理石上刻画跳房子用的方格子或是棋盘。当太阳落到提比略凯旋门和讲坛之间时，报时人将会宣布已到正午。当太阳消失在监狱后方，他就会宣布散场，此时人们需要离开广场。

广场中最为古老的建筑隐匿在黑色的石板路面上，就是“尼日尔青金石”。这里是罗慕路斯的陵墓，上面刻有古老的铭文诅咒，警告世人不要亵渎这片神秘之地。

由于萨图恩赶走了饥荒，他成了广场上第一批神庙中供奉的神灵之一。元老们在萨图恩神庙高高的壁墩下放置国家宝藏。神庙的前方有一尊西尔万雕像。神庙附近有一棵无花果树，丛生的枝蔓随时都有可能将神像碰倒，但人们想要砍掉这棵树必须得到神灵的准许。

卡斯托尔和波吕克斯神庙则是为前491年对抗拉丁人的里吉尔湖战役胜利而建。当罗马人在战斗中处于下风之时，卡斯托尔和波吕克斯这对双胞胎兄弟一跃上马，引领罗马人赢得了胜利。卡里古拉将这里当作其帕拉丁山行宫的前厅。他的房子位于两人雕像的中间，在接受人们仰慕之时，他总爱打趣说两位英雄成了他的门神。人们在神庙这里刻上人口出生信息，敲定货币汇率，到处都有奸商以及不诚实的银行家出没。

协和神庙巩固了贵族与平民之间的关系。协和神庙于前367年建成，在罗马共和国末期的内战中被毁。执政官奥比米斯将其在废墟处重建，在落成仪式的前一夜，一位爱开玩笑的人在其中一个圆柱上刻下了这样一句话：协和神庙源自不和。元老们有时在这里召集会议，西塞罗也是在这里发表了第四篇《喀提林弹劾》演说。只见他不屑地打量着他以为意图发动

（下接第11页）

广场一角，可见尤利娅会堂的废墟。后方有三根依旧挺立的圆柱，其原属于卡斯托尔和波吕克斯神庙的一部分

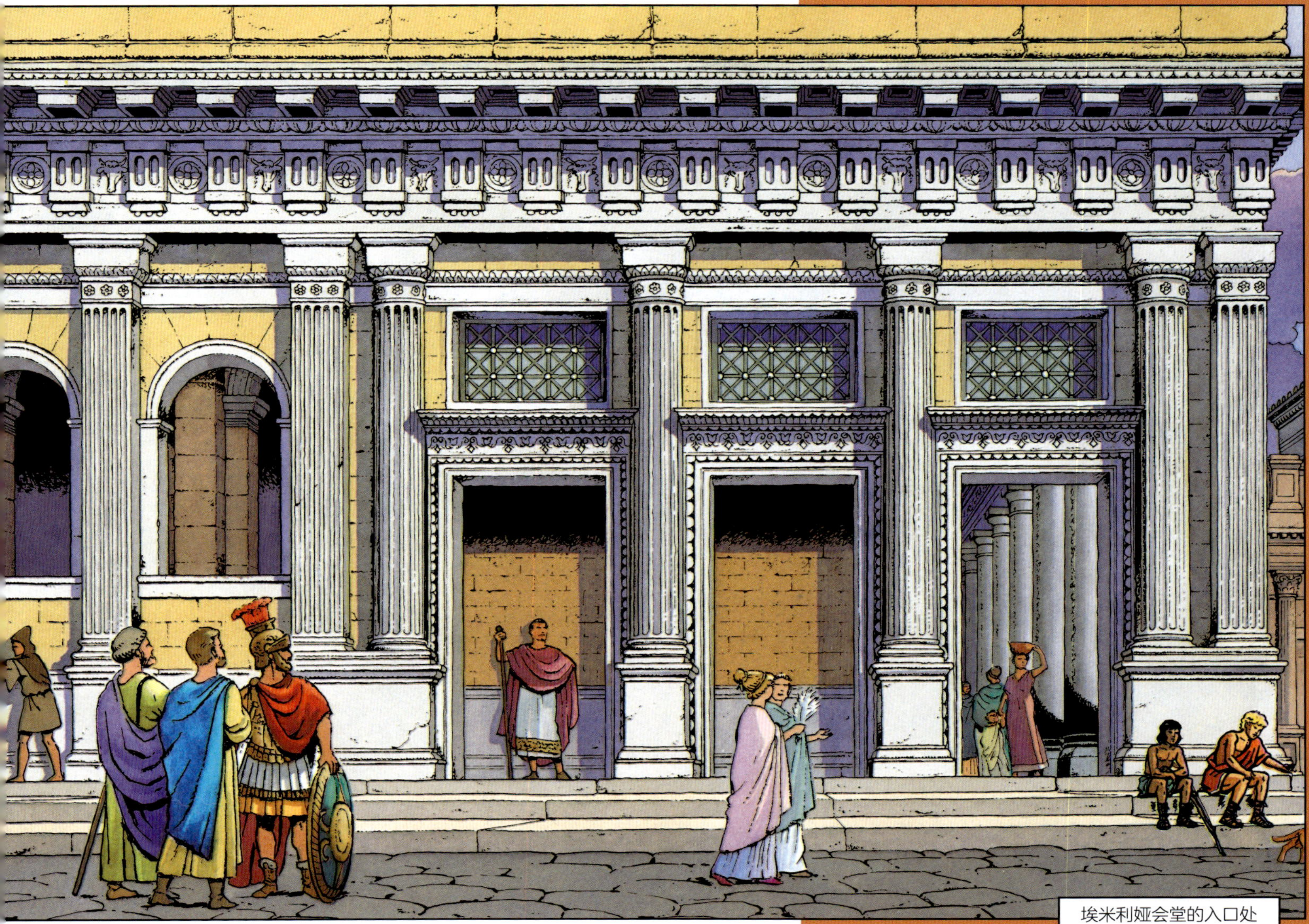

埃米利娅会堂的入口处

尤利娅会堂的内景

古罗马广场布局图

1. 罗马国家档案馆
2. 图里亚奴监狱
3. 协和神庙
4. 韦斯巴芗神庙
5. 主神柱廊
6. 萨图恩神庙
7. 提比略拱门
8. 尤利娅会堂
9. 赞瑟斯学校
10. 金色里程碑
11. 雅努斯拱门
12. 演讲用主席台
13. 四帝柱像（戴克里先、马克西米安、克洛鲁斯·君士坦提乌斯、马克西米努斯·达亚）和朱庇特
14. 克劳狄二世柱像
15. 屋大维·奥古斯都骑马像
16. 罗马中心点
17. 塞普提米乌斯·塞维鲁凯旋门
18. 密涅瓦中庭
19. 元老院
20. 克洛鲁斯·君士坦提乌斯骑马像
21. 塞普提米乌斯·塞维鲁骑马像
22. 议事堂喷泉
23. 尼日尔青金石
24. 马克西米安雕像
25. 君士坦丁雕像
26. 埃米利娅会堂
27. 恺撒骑马像
28. 盖乌斯·尤利乌斯海战纪念柱
29. 塞尔维里乌斯喷泉
30. 圣所（马西亚斯、神圣的无花果树、橄榄树和葡萄藤）
31. 库尔提乌斯之泉
32. 雅努斯神庙
33. 君士坦丁骑马像
34. 马尔斯雕像
35. 恺撒祭坛
36. 维纳斯·克罗阿西娜
37. 祖国之父柱像

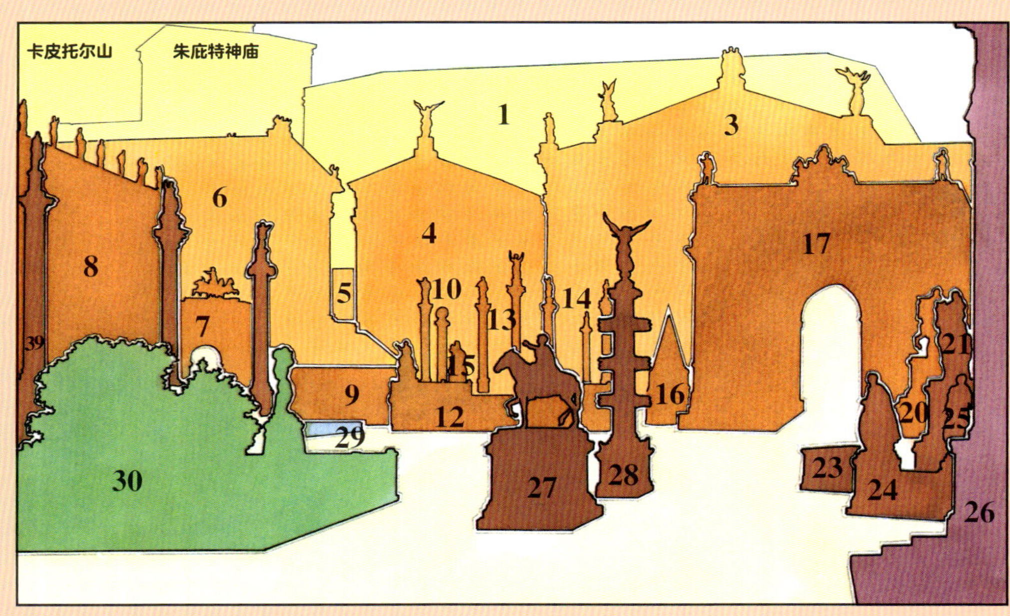

广场东南角布局图（参照第12至13页复原图）

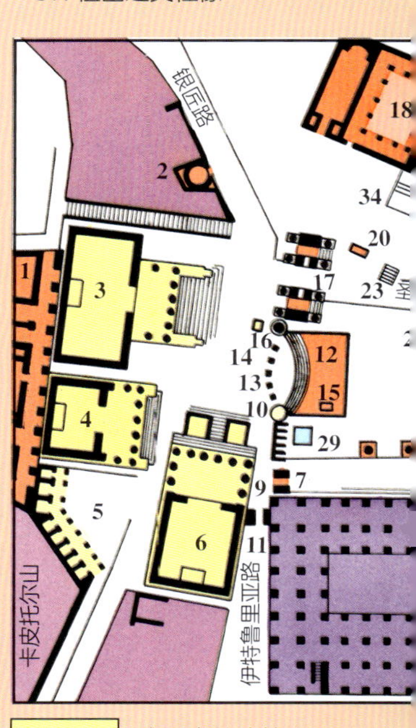

大型宗教建筑

（上接第9页）

政变的人，用高亢的声音说道：“喀提林,你究竟要滥用我们的容忍到什么时候？”几年之后，仍旧是这个地方，马克·安东尼有幸享有了与妻子在这里一同进宴的权利。

前29年，当恺撒已经魂归天际，化为星辰之时，奥古斯都将安葬他的一座神庙命名为迪万神庙。此后，将“明君”神化这一风俗开始盛行；于是，广场上相继建立了韦斯巴芗神庙、安东尼努斯和法乌斯蒂娜神庙。

庄严的元老院是元老们落座的地方，位于协和神庙附近。元老院历经三次重建，每次均遵照相同的图样，最后一次重建可上溯至前4世纪。元老们落座的长凳位于两侧，沿中央走廊对齐。在主席台之后便是奥古斯都从塔伦托带来的狂野的胜利雕像。400年，圣安布罗斯不顾最后一批异教元老们的强烈反对，将其废置。

奢华的埃米利娅会堂由埃米利乌斯·保卢斯在前179年修建。长期以来，这座会堂由富有的埃米利娅家族打理。这个大家族中，有一名成员在一层外部下楣之上放置了一排黄金盾牌，盾牌上绘有家族先祖的画像。在过道的内部，有一座古老的小型的维纳斯·克罗阿西娜壁龛，罗马人在一场对萨宾人的战斗之后来这里净化自己。就在这一层的台阶上，百夫长维吉尼乌斯杀死了女儿维吉妮，使其免于忍受阿庇乌斯·克劳狄的暴行。

会堂是货币兑换商和铜花瓶商人的聚集地。在会堂里面，中楣上的雕刻描绘了罗马建城时的景象。这里的一切奢华考究，如果我们不考虑充斥着整条街区的鱼腥味——这股鱼腥味可以朝着图拉真广场的方向，弥漫整个市场。

塞普提米乌斯·塞维鲁凯旋门，于203年落成，为纪念战胜美索不达米亚地区的帕提亚人而建

38. 恺撒雕像
39. 荣誉圆柱（记功柱）
40. 卡斯托尔与波吕克斯神庙
41. 卢修斯与盖乌斯·恺撒建筑
42. 奥古斯都拱门
43. 奥古斯都凯旋门
44. 迪万神庙与尤利娅拱廊
45. 裘图恩温泉
46. 供水地
47. 安东尼努斯与法乌斯蒂娜神庙
48. 雷格拉
49. 法比乌斯拱门
50. 维斯塔神庙
51. 大祭司宅邸
52. 维斯塔贞女的住所
53. 金银匠大台阶
54. 公共拉尔神庙
55. 朱庇特·斯塔托尔神庙
56. 佩纳特神庙
57. 哈德良雕像
58. 君士坦丁二世雕像
59. 君士坦丁会堂
60. 玛格利塔里安柱廊（曾为金宫的前厅，为珍珠商人而设）
61. 维纳斯与罗马神庙
62. 巴卡斯圆形神庙
63. 马克森提乌斯雕像
64. 马克西米安雕像
65. 韦斯巴芗雕像
66. 提图斯雕像
67. 提图斯凯旋门
68. 征服者朱庇特神庙（？）
69. 公共浴场
70. 卡里古拉宫（帕拉丁山上）
71. 奥古斯都广场的马尔斯神庙（见第15页布局图）

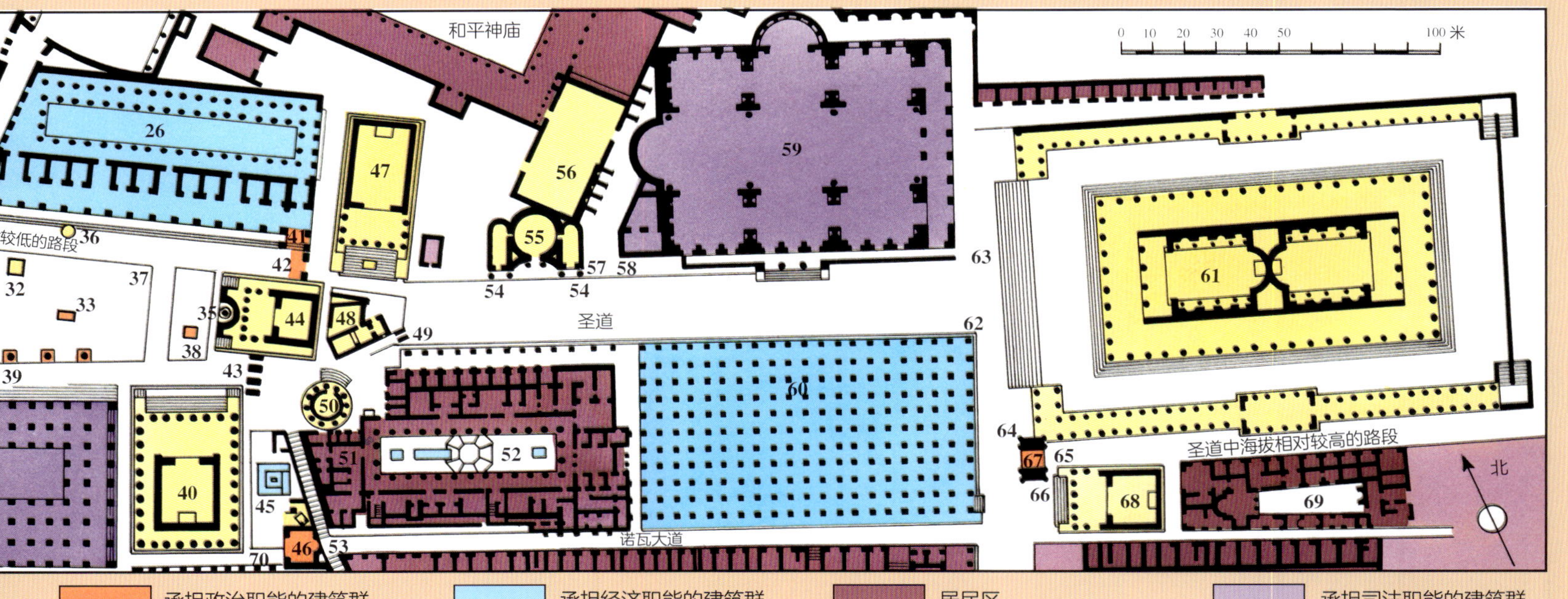

承担政治职能的建筑群　承担经济职能的建筑群　居民区　承担司法职能的建筑群

DIVO·VESPASIANO·AVGVSTO
S·P·Q·R·IMP·CAESAR·SEVERVS·ET·ANTONINVS·PII·FELICES·AVG·RESTIT

SPQR·AEDEM·CONCORDIAE·VETVSTAE·COLLAS
IMP·CAES·LVCIO·SEPTIMIO·FIL·SEVERO·PIO·PERTINACI·AVG·PATRI·PATRIAE·PARTHICO·ARABICO·ET
PARTHICO·ADIABENICO·PONTIFIC·MAXIMO·TRIBVNICO·POTESTIS·XI·IMP·XI·COS·III·PROCOS·ET
IMP·CAES·M·AVRELIO·L·FIL·ANTONINO·AVG·PIO·FELICI·TRIBONIC·POTESTAS·COS·PROCOS·P·P·
OPTIMIS·FORTISSIMIS·QVE·PRINCIPIBVS
OBREM·PVBLICAM·RESTITVTAM·IMPERIVM·QVE·POPVLI·ROMANI·PROPAGATVM
INSIGNIBVS·VIRTVTIBVS·FORVM·DOMI·FORISQVE·S·P·Q·R
广场东南角

广场北部边缘

大部分庭审活动是露天举行的。恺撒下令建造了尤利娅会堂以容纳百人团。当诸多庭审活动同时进行的时候，会堂中间就会以木板相隔。如果有法官（或者辩护人）提高了音量，影响到其他房间的法官时，其他房间的法官就会暂停审判。多米提乌斯・阿弗尔的讲话曾屡屡被打断。终于，他忍无可忍，质问是谁在旁边的屋子里做辩护人。“是李西尼乌斯。”有人回答道。“好吧，”他叹了口气，“百人团啊，我们的艺术要失传了！”伽莱里乌斯・特拉卡勒斯的声音极其洪亮，他甚至会在演讲时得到其他会堂的公众的掌声。而且还不止于此，他还征服了那些围绕身边的讼棍，要知道这些人可是受雇在别人演说时喝倒彩的。

罗马人极其推崇演讲与雄辩，他们甚至会为替妓女脱罪的辩护人鼓掌欢呼，尽管有人指控这名妓女骚扰了一位元老的儿子。但事实上，这名不幸的女子是出于自卫，因为原告是在法定营业时间结束后强行进入妓院的。

会堂的后身便是伊特鲁里亚人之路。几座著名的书店与些许非法经营的店铺比邻而居。在广场的中部、讲坛的前方，耸立着数幢小型建筑，比如亚努斯神庙，这座神庙的大门在战争时期打开，在和平时期关闭。

有一则传说与库尔提乌斯之泉有关，相传执政官梅提乌斯・库尔提乌斯为了拯救他的祖国，向地狱诸神献出了自己的生命。他骑着马冲进了泉水的漩涡，漩涡迅速关闭，而库尔提乌斯再也没有回来。

在另一侧，西勒努斯・玛耳绪阿斯的雕像矗立在一片围墙之中，保护着神圣的葡萄藤、无花果树和橄榄树。作为自由的象征，这尊雕像接受着新的被释放的奴隶和幸运的法官献上的王冠。奥古斯都的女儿尤利娅性格颇为火辣：她在那里与情人幽会，直到东窗事发，而她也被盛怒之中的父亲流放！

金色里程碑标志着想象中罗马大道的起点，上面还刻有罗马与各个主要城市之间的距离。“罗马城之脐”（原名 Umbilicus Urbis，是罗马城中的一个小型建筑）则是理想状态下，罗马城的中心。

广场西南角布局图（参照右侧复原图）

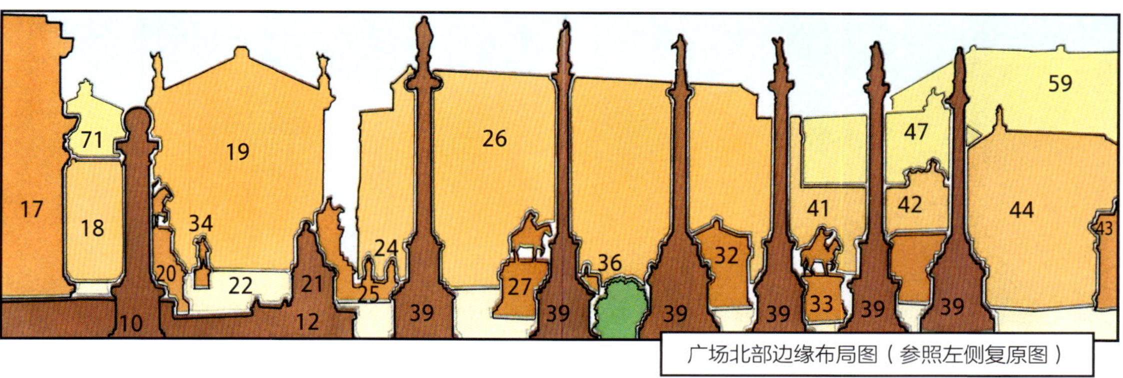

广场北部边缘布局图（参照左侧复原图）

塞普提米乌斯·塞维鲁曾讲道，在即位之前，他曾梦见过前任皇帝佩尔蒂纳克斯骑着马，在圣道上轻盈地左右回旋。突然间，这匹马扬起前蹄将佩尔蒂纳克斯摔在了地上。罗马诸神通过这一异象已经清晰地表明，与这位资质平庸的前辈相比，罗马人更希望塞普提米乌斯·塞维鲁当皇帝。为了纪念这一事件，塞普提米乌斯·塞维鲁下令在其凯旋门脚下竖立一尊自己骑马的雕像，因为他在梦里看到的情景就是在这里发生的。

广场西南角

维斯塔神庙及其周边

维斯塔神庙坐落于一片围墙之中，远离了古罗马广场的喧嚣，曾几何时，它是保存圣火的神圣之地，而圣火永远不应熄灭。神庙旁便是一栋高大的房屋，在那里，神庙的仆从，即诸位维斯塔贞女始终奉行着这个国家最为古老的传统。

这尊维斯塔神像装点着维斯塔神庙的中庭。同周边中央盆地附近的神像一样，这尊神像是由女祭司的友人竖立起来的

大约在前1000年，居住在拉齐奥地区的人们历经艰辛，终于掌握了生火的原理。在各个村庄中，人们将公共用火种保存在一间茅屋里，为每家每户所用。那时候，男人负责喂养牲口，女人负责编织毛料衣服，而年轻女孩则接力看护火种，以免火苗熄灭。恐怕第一座为炉灶和家庭女神维斯塔修建的神庙，与这样一间简陋小屋别无二致吧。当罗马成为首都之时，维斯塔神庙的火种也成了罗马永恒的象征。火种熄灭，就意味着罗马帝国行将覆灭。大理石圆柱取代了茅屋里的木头桩子，圆柱间铜制的网格也取代了原来的灯芯草编织物，而后者曾用作神庙的内壁。产自叙拉古的黄铜瓦片将整座神庙覆盖，不过屋顶往往会留一处开口，以便烟雾排出。

神庙里有的神像非常古老，比如帕拉迪姆、女神密涅瓦的神像，据说由埃涅阿斯带回。不过，女神维斯塔的神像却在一个特殊的圣所中。外人不得入内，只有维斯塔贞女有权进入。维斯塔贞女们世代相传，守护着神庙里的种种秘密，满怀景仰之情注视着这里的一切。当然，有时候也会有不幸的事情发生。比如前221年，大祭司梅特勒斯（Mettellus）就在扑灭帕拉迪姆大火的过程中失明了。这些与圣所有关的奇闻逸事让罗马人感到恐惧。甚至有一天，尼禄意图进入维斯塔神庙，可是他刚到门口，四肢便开始颤抖，无法继续向前。

维斯塔贞女们享有极高的声誉，但是她们需要遵守严格的限制条件。每次遴选的6名贞女，必须出自贵族家庭，纯洁无瑕，没有生理与道德缺陷，保持贞洁。她们进入美轮美奂的维斯塔神庙时，还只是个孩子；只要不违背守贞的戒律，她们30年后就能离开神庙（10年受训，10年实操，10年育人）。在极为罕见的情形下，维斯塔贞女们会失去贞洁，而犯下罪孽的贞女将被活埋，而她的情夫将会被鞭笞至死。

在卡拉卡拉的统治时期，一位名为卡奴西亚的贞女为了逃离繁重的苦役，从维斯塔神庙逃了出去。相反，有一位名叫科妮利娅（Cornelia）的贞女尽管受到了错误的指控（图密善认为她与其他人有私情），却以柔情与勇气直面惩罚，场面令人动容，甚至令行刑者们落泪。同样地，一位名为图西娅（Tuccia）的贞女

朱庇特神庙，由拉尔和佩纳特诸神的壁龛环绕

维斯塔神庙、雷吉亚和法比乌斯拱门

在维斯塔神庙的中庭，一字排开的维斯塔女神神像。神像背后，可以看到君士坦丁大教堂的拱门

提图斯凯旋门是为纪念提图斯皇帝在80年战胜犹太人而建。精美的雕刻刻画了罗马帝国从耶路撒冷神庙掠夺的战利品，其中便有一尊七枝烛台[1]

维纳斯与罗马神庙的纵向剖视图

【1】七枝烛台是犹太教的象征，也是以色列国徽上的图案。

君士坦丁大教堂内景

在获罪后来到了台伯河河边，向维斯塔女神祈求庇护，她用筛子舀了一些水，水竟然奇迹般的一滴未漏。于是，图西娅将盛满水的筛子端到大祭司面前，当着目瞪口呆的众人，把水洒在了自己的脚下。最终，大祭司心甘情愿地赦免了她。

这位大祭司曾将一位新任的维斯塔贞女命名为“阿玛塔”（Amata），并对她说道：“阿玛塔，我任命你为维斯塔女祭司，望你谨遵圣贤法度，造福罗马人民，如其他贞女一般，礼敬神明。”随后，有人为阿玛塔剃发，使她能更好地守贞[1]。

如果有维斯塔贞女导致圣火熄灭，这位贞女就会被人鞭打，然后人们在一棵圣树上取下两根木棍，再重新点燃圣火。随着基督教在罗马一统天下，圣火最终于395年完全熄灭[2]。

在恺撒神庙（图片中央）高高的领奖台之后，我们可以看见维斯塔神庙精美的白色圆柱。在背景处，我们可以看到提图斯凯旋门

雷吉亚是古代的皇家府邸，与维斯塔神庙仅有一街之隔。那里是举办古老秘密仪式之地，不被外人熟知。传闻，在恺撒兼任大祭司的时候，善于蛊惑人心的克劳狄乌斯男扮女装，来到了雷吉亚，他认为，那里是最适合勾引恺撒之妻科妮利娅的地方。因为她负责主持这些仪式，而且那时大家通常都已酩酊大醉！当然，恺撒对这一丑闻矢口否认，并对外宣称“恺撒的妻子是不容许他人置疑的”。

在圣道的尽头，距离提图斯凯旋门不远的地方，皇帝哈德良主持修建了罗马世界最为宏伟的

维斯塔神庙的中庭

【1】罗马传统宗教规定：圣火祭祀的贞女必须守贞，以维护圣火的纯洁。而头发是女性魅力的象征，剃发代表清心禁欲。

【2】基督教成为罗马帝国的国教之后，包括圣火祭祀在内的罗马传统宗教作为异教崇拜遭到禁止。395年圣火熄灭，从此不再设维斯塔贞女主持祭祀。

神庙——维纳斯与罗马神庙。由于哈德良本人也爱好美术，所以亲自设计了建筑图样。哈德良对自己的设计甚是满意，便将自己的作品展示给来自大马士革的建筑大师——阿波罗多洛斯看了一下。可是这位建筑师却大胆地进行了批评：按照您的设计，如果端坐在神位上的诸位女神站直了身子，她们的头就会撞到天花板！哈德良对这份直率非常厌恶，于是这位建筑师因为他的话付出了生命的代价！

君士坦丁大教堂（又名马克森提图斯和君士坦丁大教堂）是众多非罗马传统宗教建筑的集大成者。这一雄伟的建筑与巴黎圣母院一样高，相传米开朗琪罗便是受此启发设计了圣皮埃尔大教堂。事实上，在教堂的修建过程中，皇帝马克森提图斯的功劳应大于他的著名继任者君士坦丁大帝。

这一建筑长106米，宽60米，共有3个有穹顶的大殿，开创了天主教堂的平面布置模式的先河。整个建筑仅仅由4根巨大的圆柱支撑。绘画、天花板上的灰泥、橱窗、多彩的墙面共同构成了大教堂的建筑装饰。

维纳斯与罗马神庙内景

维纳斯与罗马神庙、提图斯凯旋门以及巴卡斯圆形神庙（la Tholos de Bacchus）

帝国议事广场

古罗马广场因建筑密集，日益显得狭小拥挤，其功能难以为继。所以，为了在各种典礼和仪式中有足够的空间容纳罗马人民，开辟新的空间显得尤为必要。为了完成这项建筑使命，恺撒、奥古斯都、韦斯巴芗、图密善与图拉真等人先后接力，帝国议事广场便应运而生。

尤利乌斯·恺撒想要为罗马献上盛装华服，以彰显其重要地位。于是，他为新广场选择了一份轴对称的平面设计方案，这一方案日后成为其他广场的典范：在一座神庙的前方，柱廊环绕在开阔的广场四周。各式各样的喷泉和雕像镶嵌在议事广场内，成为它的一部分。

当然，议事广场垂涎的这片土地上有许多房屋，所以，仅仅在征收房产这一事项上，耗费的钱财就达到了约6000万枚小银币，西塞罗本人便在这些金钱交易上充当中间人的角色。

恺撒自称埃涅阿斯之子，亦是维纳斯之孙阿斯卡尼俄斯（Iule）的后代。所以，在前48年，恺撒通过为慈母热内特·维纳斯（Vénus Génétrix）修建神庙，从此，王朝崇拜真正确立。在廊柱的下方，人们

图拉真记功柱傲然独立于乌尔皮娅会堂的废墟之上。曾几何时，这尊记功柱紧邻着会堂以及希腊文和拉丁文两座图书馆。走过这些建筑旁的平地，游人可以近距离地欣赏记功柱上精美的雕刻，其中描绘了罗马军团征服达契亚的情景

乌尔皮娅会堂内景

可以欣赏到恺撒的骑马像、克莱奥帕特拉七世的雕像，以及一尊提比略的巨型雕像，后者由叙利亚的14座城市敬献，以此来感谢提比略的恩惠。恺撒的骑马像以及阿皮亚德（Appiades）温泉则装点着广场的中央。

奥古斯都选择将他的广场建在复仇者马尔斯神庙的四周，而这座神庙是为了纪念其养父恺撒遇刺而建。之后，德鲁苏斯凯旋门和日尔曼尼库斯凯旋门也建在神庙左右，德鲁苏斯和日尔曼尼库斯都是奥古斯都的孙辈。广场的中央竖立着奥古斯都的四马二轮战车，在一字排开的圆柱顶端竖立着女像柱，其形貌与雅典厄瑞克忒翁神庙的女像柱相仿，女像柱与代表朱庇特-阿蒙神的黄金盾牌轮流摆放。这一切均是向恺撒和奥古斯都的尤利娅家族致敬。广场上，维纳斯、埃涅阿斯、罗慕路斯和列位先王的雕像赫然在立，将奥古斯都的王朝与罗马的神秘起源相连，这是政权稳固的一种象征。

图拉真广场以及有5层楼高的市场

韦斯巴芗广场则为庆祝和平的回归而建。广场上大大小小的花园和公牛喷泉令人耳目一新，这一广场直通和平神庙，游人可在此欣赏众多古希腊的杰作，比如波留克列特斯、菲狄亚斯、列奥夏尔（Léocharès）以及米隆的雕像，还有尼科马克（Nicomaque）的画作。图书馆则与神庙相连，图书馆的一面墙上有11块大理石板，一幅尺寸为235平方米的巨型罗马城地图便雕刻其上。

图拉真市场的长廊

图拉真广场。左侧为乌尔皮娅会堂，内有身着各色服饰的图拉真皇帝雕像。中间为图拉真骑马像

图拉真记功柱及一座图书馆

奥古斯都广场。马尔斯神庙与两侧的日尔曼尼库斯凯旋门和德鲁苏斯凯旋门相邻

帝国议事广场俯瞰图

A. 恺撒广场
1. 慈母维纳斯神庙
2. 恺撒骑马像
B. 奥古斯都广场
3. 复仇者马尔斯神庙
C. 韦斯巴芗广场
4. 和平神庙
5. 广场图书馆
D. 涅尔瓦广场
6. 密涅瓦神庙
7. 雅努斯拱门
E. 图拉真广场
8. 图拉真凯旋门
9. 图拉真骑马像
10. 乌尔皮娅会堂
11. 图拉真记功柱、图书馆和神庙
12. 图拉真市场
13. 古罗马广场
14. 苏布尔贫民区

转型广场（le Forum Transitorium）又名涅尔瓦广场，主体由图密善建成，涅尔瓦当政时期完工并启用，是人口稠密的苏布尔（Suburre）贫民区与旧广场之间的通道。这一新广场位于奥古斯都广场与韦斯巴芗广场之间，从雅努斯拱门一直到优雅的密涅瓦神庙。

复仇者马尔斯神庙和奥古斯都广场

图拉真广场是罗马最后一座也是最为雄伟的广场，修建时需要将奎利纳莱山的南面夷为平地，将土层的高度降低40余米。

首先，我们通过一道雄伟的凯旋门走进广场的第一部分，只见两侧各有柱廊，各式雕像陈列其中。图拉真骑马像赫然陈列于广场之上。第一部分的最后便是罗马城最为壮观的会堂：乌尔皮娅会堂（“乌尔皮娅”是图拉真家族的姓氏）。会堂全长170米，共分为5座大殿，彼此由偌大的花岗岩圆柱相隔。

后面，在希腊文和拉丁文两座图书馆的荫蔽下，矗立着奇迹中的奇迹——图拉真记功柱。图拉真记功柱高达30米，基座10米，柱身环绕着23圈浮雕，浮雕长约200米，其中栩栩如生地雕刻了2500个人物，再现了达契亚战争的场面。

图拉真市场共有5层，俯瞰大广场，其形貌令人印象深刻。这里有150间店铺，出售花卉、蔬菜、大麦、酒水、油类和肉类商品。此外还有一个海水鱼塘及一个淡水鱼塘，以供应新鲜的鱼类。人们在大楼顶层的市场里确定货物的费用和费率。

古罗马斗兽场

“斗兽场长存则罗马兴盛；斗兽场消失则罗马消失，罗马消失则世界终结。”8世纪，比德修士做出了上述预言。1300年的时光流转，罗马斗兽场依旧巍峨壮观，屹立于城市中央。

古罗马斗兽场，又名科洛西姆、弗莱文圆形剧场，是罗马建筑的典范。在50米高的顶层驻足，不由得感慨万千，这一感慨中既蕴含着敬仰与赞叹，也怀有些许不安，毕竟这里曾经展现过血腥暴力的场面。

古罗马的第一座圆形剧场在64年的熊熊大火中化为灰烬。6年后，罗马皇帝韦斯巴芗将金宫里的一座湖泊选定为修建斗兽场的新址。这项工程耗时12年，直至80年，其子提图斯即位后，为斗兽场举行了开幕庆典，狂欢百日，但此时斗兽场依然没有完工。古罗马斗兽场的正式名称为“弗莱文圆形剧场”，直到中世纪才有了“科洛西姆”这一别称。人们之所以称它为“科洛西姆”（有“巨大”的含义），并不是因为斗兽场气势恢宏，而是因为它与尼禄皇帝的巨型雕像相邻，这尊雕像高达27米。

在斗兽场的第一层，76道圆拱的顶端均有数字编号，方便观众找到席位。椭圆形斗兽场的横纵轴两端是贵宾通道，皇帝、政务官及维斯塔贞女可由此前往各自的包厢。漫步于圆形拱廊之中，沿着楼梯往下走，便走到了进出场的走廊，走廊与观众席贯通。观众席的第一排高出竞技场4米，由元老与骑士落座，上方的席位则属于平民。顶层属于下层民众，他们摩肩接踵，无疑是最狂热的观众。女性只能在顶层的柱廊旁伫立观看。这些位于高处的民众仅能勉强望见竞技场上有几个小小的人影在打斗。斗兽场大约能容纳5万名观众就座。

在斗兽场的顶层，320根旗杆垂直挺立，环绕四方，由一队水兵把守。这些旗杆可以撑起一座巨大的天棚遮挡阳光。水兵们同样负责向竞技场注水，以模拟海战的情景，上演海战戏。

古罗马斗兽场外景

演出期间，3000名囚犯奋力厮杀，再现了萨拉米斯海战和亚克兴海战等著名战役的场景。如何向竞技场注水是一项复杂的工程，所以图密善皇帝意欲在梵蒂冈兴修一座水池，以更好地适应场地观景的要求。他还在斗兽场下方主持修建了地下通道网络，外有坡道与地表相连，内有起重装置。演出道具、动物和人类可立在起重装置上，突然从地底现身。

古罗马斗兽场内景

若是在斗兽场内消遣娱乐，机会不可谓不多。117年之前，图拉真统治时期，众多的节日都是连日寻欢作乐的借口。上午处决死囚，中午人兽大战，这些演出将无业游民吸引到此处。死刑犯要么被人屠杀，要么与猛兽搏斗，至于参与其中的有无基督徒则无从考据。然而公众尤其喜欢猛兽之间的搏斗，比如犀牛对战老虎。他们还对狩猎表演欢呼雀跃。演出之时，只见竞技场上装饰一新，山丘河流登场，营造了神秘的气氛。斗士们手持长矛，领着一只苏格兰犬，追捕着百余只野兽。有的时候，皇帝不会直接在竞技场上现身，却不吝在包厢内向猛兽连发利箭。顷刻之间，恶臭的血腥味弥漫全场，不得不用香水驱散。

中场休息时，竞技场上会展出珍禽异兽或受过驯养的动物。比如这只狮子，正在向放出的几只活兔子张开血盆大口；或是那头大象，竟然能用象鼻子书写拉丁文。

角斗士之间的格斗往往能受到公众的垂青。角斗士受主人控制，在竞技场附近的4座营房中接受严苛的训练。需要勤练刀剑的他们，最能赢得贵妇们的芳心，好像音乐大厅里的名角一般。角斗士们受人喜爱仰慕，倘若他们身手灵活，就能收到仰慕者的礼物，进而快速发家致富。在赢得了无数场胜利之后，他们可以退役，为自己买一个小酒馆。但许多角斗士习惯了受人追捧的生活，无法忍受退役后的生活，又重操旧业。

大战前夕，角斗士们往往会享用一顿公共宴席。大战终于来临。下午晚些时候，角斗士们身着盛装按照号令列队入场，在皇帝的包厢前停下脚步，一齐喊出著名的口号：“恺撒万岁，将死之人向您致敬！”组织者通过抽签来组织决斗选手，并会检查武器是否已套上皮头。一些关于决斗的赌博行为也应运而生。全副武装的萨莫奈角斗士与网斗士展开对决，后者赤身裸体，手握三叉戟和手抛网；武装较少的米尔麦罗角斗士则与色雷斯角斗士展开了刀剑对打，色雷斯人身穿铠甲，手持小盾牌和大刀。每当有角斗士被对方击中，观众就会大喊：打中了！皇帝此时就会视公众意愿，举出朝上或朝下的大拇指，赦免或处死战败者。

事实上，优秀的角斗士身价昂贵，供养成本巨大，所以需要爱惜他们。有些人甚至为此在打斗期间弄虚作假。

罗马斗兽场上演海战戏

从维纳斯与罗马神庙方向望去的古罗马斗兽场。左侧前景：尼禄巨型雕像。右侧是圆锥柱（Meta Sudans）喷泉和君士坦丁凯旋门。背景处为克劳狄神庙

卡皮托尔山

作为罗马城的宗教中心，卡皮托尔山与其两座顶峰一道，俯视着台伯河。山的北侧，古旧的要塞守护着台伯河河道。南边，朱庇特神庙及其规模惊人的附属建筑俯视着维拉布洛（Vélabre）街区。在罗马帝国的晚期，卡皮托尔山处处都有纪念性建筑。

文艺复兴时期，卡皮托尔山上的建筑布局完全颠倒过来。此前布局是坐东朝西，现在则坐西朝东，面朝战神广场，以大台阶相连。米开朗琪罗负责这一改造工程，抹除了卡皮托尔山上的古迹。现在仅仅余下了宏伟的雕像。卡皮托尔广场旁边有一个扶手，上面仅仅留下了一些精美的雕像

卡皮托尔山与帕拉丁山一道，乃孕育罗马的摇篮。“卡皮托尔”（Capitole）一名来自拉丁文“caput”，是“头”的意思，法语中的“capitale”（首都）以及“capitaine”（上尉、队长）也是如此。山脚下曾发现一座有着3300年历史的古老村庄，也许这就是传说中以农神萨图恩命名的萨图妮娅村庄吧。

在前6世纪，伊特鲁里亚人占领了罗马。于是，他们的国王老塔奎尼乌斯下令在罗马最高的山峰上建造了阿尔克斯（Arx）要塞，与建立在贾尼科洛山上的要塞遥遥相对，后者负责关注台伯河对岸的一举一动。两座要塞以红旗作为沟通方式。

在巩固了对拉齐奥地区的统治之后，老塔奎尼乌斯想要为至圣至伟的朱庇特献上一座雄伟的神庙，以巩固拉丁部落之间的联盟，这一神庙将成为拉齐奥地区最为奢华壮美的神庙。老国王将山南台地选为建造神庙的地方，并且招揽了伊特鲁里亚最为优秀的艺术家们。这些人则在该处山下一条名叫“维库斯·图斯卡斯”的主干道上安顿了下来。

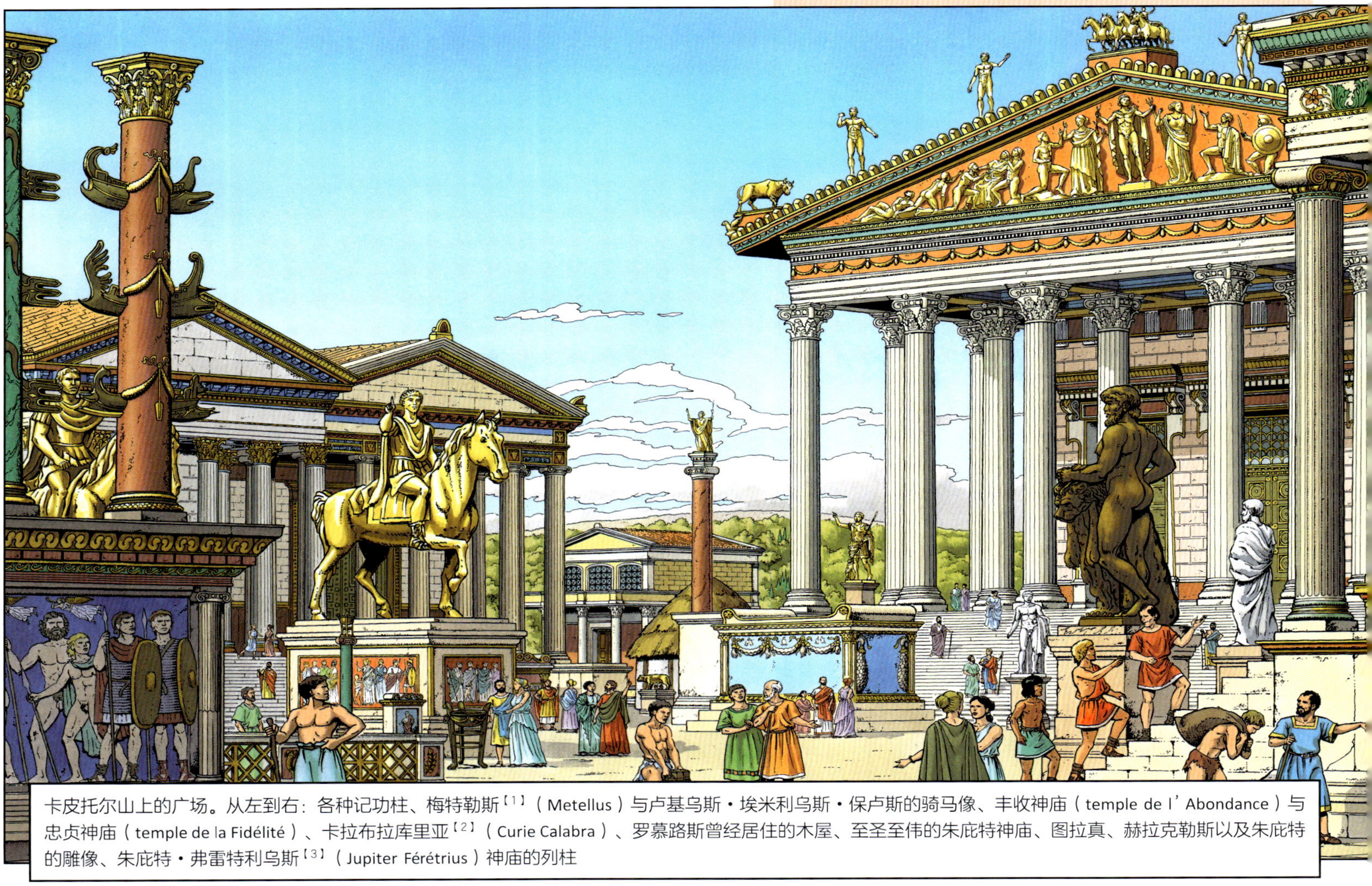

卡皮托尔山上的广场。从左到右：各种记功柱、梅特勒斯[1]（Metellus）与卢基乌斯·埃米利乌斯·保卢斯的骑马像、丰收神庙（temple de l’Abondance）与忠贞神庙（temple de la Fidélité）、卡拉布拉库里亚[2]（Curie Calabra）、罗慕路斯曾经居住的木屋、至圣至伟的朱庇特神庙、图拉真、赫拉克勒斯以及朱庇特的雕像、朱庇特·弗雷特利乌斯[3]（Jupiter Férétrius）神庙的列柱

【1】此处的“梅特勒斯”所指的是卢修斯·卡尔西利乌斯·梅特勒斯。他是前251年的执政官，曾在第一次布匿战争期间打败迦太基人的首领。
【2】卡拉布拉库里亚是一个举办宗教仪式的场所。在每月的第一天，罗马人聚集在那里，有祭司在那里等待着新月的升起，然后为朱诺女神举行宗教仪式。
【3】正如朱诺·莫尼塔是朱诺女神的别名一样，朱庇特·弗雷特利乌斯也是朱庇特的别名。朱庇特的这种身份是合同签订与婚姻缔结的见证者。

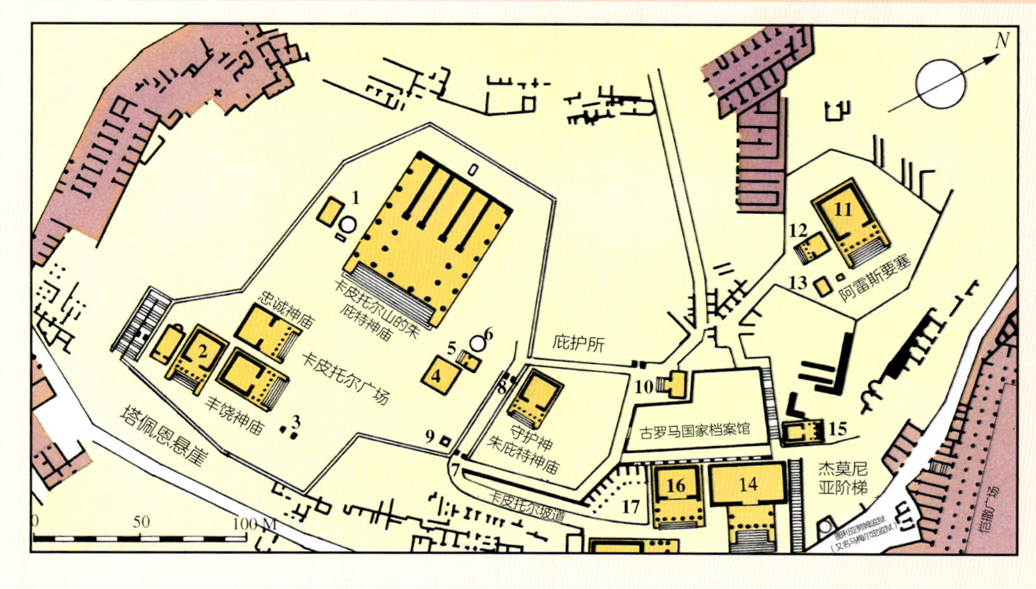

卡皮托尔山建筑一览图

1. 罗慕路斯曾居住的木屋、卡拉布拉库里亚
2. 雷神朱庇特神庙和母狼雕像
3. 卡尔普尼亚凯旋门
4. 神圣战车神庙（Temple de Chars Sacrés）
5. 朱庇特 · 弗雷特利乌斯神庙
6. 复仇者马尔斯神庙
7. 斯特拉科拉利亚（Stercoraria）门
8. 西庇阿凯旋门
9. 朱庇特 · 阿非利库斯（Jupiter Africus）列柱
10. 维迪奥维斯[1]神庙和尼禄凯旋门
11. 朱诺 · 莫尼塔神庙
12. 荣誉与美德神庙
13. 方尖碑与观鸟占卜神庙（Auguraculum）
14. 协和神庙
15. 小型协和神庙
16. 韦斯巴芗神庙
17. 十二主神柱廊

其中，杰出的雕塑家弗尔卡（Vulca）设计、雕刻了凯旋的四马二轮战车，装饰在三角楣的顶端。

威严的彩绘木柱，颜色鲜明的装饰，屋脊上的各式陶像，令朱庇特神庙大放光彩。

虽然屡遭破坏，但是罗马人总是会用最为珍贵的材料将其重建，甚至还挪用了雅典奥林匹亚宙斯神庙的圆柱。不过，神庙的式样与其说是希腊式的，倒不如说是伊特鲁里亚式的。在供奉着至高无上之神的神庙两侧，供奉着密涅瓦与朱诺的神庙并排而立，它们组成了卡皮托尔山上的三位主神神庙。

与其他罗马神庙一样，朱庇特神庙的祭祀活动是露天的，人们在神庙大台阶旁的大祭坛上祭祀神明。

在神庙的内部，罗马与其他国家签订的种种条约刻在了大理石上。神庙最深处沐浴在如梦似幻的阳光之下，朱庇特神像的面部略显奇异，被涂成了红色，只见他在检阅台上正襟危坐，庇护着罗马这一永恒之城。在凯旋之日，得胜的将军们在游行之时需向其膜拜，他们同样脸上涂着红色，因为红色是抛洒热血的象征。然后，他们会向这位伟大的神明敬献祭品。对于在战斗中表现最骁勇善战的将士，人们会为其塑像，供奉在诸神旁边，以向这些勇士表达最崇高的敬意。

卡皮托尔山上的朱庇特神庙是罗马最为神圣的地方了。

445年，汪达尔人在入侵时拆除了神庙的铜瓦。但其中高达21米的柯林斯式圆柱却始终屹立不倒，直到中世纪末期。

为了凸显这一宝地的神圣，奥古斯都大帝在神庙附近将罗慕路斯“曾居住过”的木屋进行“重建”，罗慕路斯在神话中是罗马的建立者。

在神庙前的空地上，无数的小型神庙、祭坛、雕像、战利品、纪念性圆柱以及感谢诸神庇佑的还愿碑比邻而建，因而并没有适合居住的地方，此外，法律也禁止人们在卡皮托尔山上修建住宅。伊特鲁里亚人以此山为屏障，称雄罗马一个世纪之久，但随着罗马人赶走了最后一位伊特鲁里亚国王，建立了罗马共和国，卡皮托尔山从此只有神明可以在此居住。

阿尔克斯要塞则是供奉朱诺女神的地方，女神神庙中的白鹅引起了护卫队的警觉。前390年，一支高卢部落试图夜袭罗马，白鹅发出了不安的叫声，吵醒了护卫队，使其及时击退了入侵者。为表达谢意，罗马人将供奉在朱诺 • 莫尼塔（Junon Moneta）神庙中的女神命名为“警觉者朱诺”（Junon Avertisseus）。人们之所以称朱诺为朱诺 • 莫尼塔，是因为朱诺神庙附近有一家造币工坊，那里生产着一种小银币“la monnaie”，与莫尼塔（Moneta）发音相似。

在这次反抗高卢人的作战中，出现了一位名叫曼利乌斯 • 托克图斯的英雄，他接受了凯旋之后的荣誉。不过，在得胜归来的第二天，他将高卢人（高卢人是凯尔特人的一支）遗弃在地上的黄金据为己有。曼利乌斯因此受到指控，其下场与叛国者别无二致：就在朱庇特神庙的前方，人们将他从塔佩恩悬崖抛了下去。这一悲剧还是一句谚语的由来，我们今天常对那些被突如其来的荣誉冲昏了头脑的人引述：“小心啊，塔佩恩悬崖可离卡皮托尔山不远！”

这一悬崖峭壁的名称来自罗慕路斯时代要塞守卫官的女儿塔佩娅。当萨宾人围攻卡皮托尔山的时候，贪婪的塔佩娅与敌人在喷泉附近会面，并表示如果每位士兵能向她献上自己的金手镯，她就会把大门敞开。交易达成之后，第一位士兵向她掷去自己的金手镯，力道之大，竟将塔佩娅砸晕了过去。其他人蜂拥而上，纷纷将自己的金手镯向她掷去，这位不幸的女人在手镯堆里窒息身亡。于是，人们便以她的名字为这个悬崖峭壁命名。

还有一句老话同这山丘的历史相关：吉莫尼（Gémonies）的大台阶地处广场与要塞之间，顶端便是图里亚奴监狱。行刑当天，人们将死刑犯染血的尸首用钩子拖到台阶下方，然后再扔到台伯河里。所以，我们现在就能明白“送某人去吉莫尼”这句话绝不是希望这个人有个美好的未来！

在阿尔克斯与卡皮托尔广场之间，自传说时代以来便有一片名叫“阿兹鲁姆”（Asylum）的小树林。为了充实罗马的人口，罗慕路斯将这里设为招待这一区域逃亡者的地方；“避难”之意便从这个地名衍生而来。前78年，这里成了存放罗马国家档案的“塔布拉里乌姆”（Tabularium）所在地。这座建筑矗立在大广场之上，富丽堂皇，蔚为壮观。

【1】维迪奥维斯是古罗马司管医药健康的神之一。

从帕拉丁山脚下一座园林所望到的罗马市景。画中的风景均地处卡皮托尔山上，从左到右分别是：雷神朱庇特神庙、丰收神庙、忠贞神庙、卡尔普尼亚[1]凯旋门（arc de Calpurnii）、朱庇特·卡皮托林神庙、朱庇特·弗雷特利乌斯神庙、守护者朱庇特神庙、塔布拉里乌姆、荣誉及美德神庙、朱诺·莫尼塔神庙、协和神庙、伊西斯方尖碑。底部为奥古斯都神庙

【1】卡尔普尼亚（Calpurnii）是古罗马的一个望族，恺撒的最后一任妻子便来自这一家族。

帕拉丁山

帕拉丁（Palatin）山是罗马历史的发源地之一。相传前753年，罗慕路斯在此建造了自己的城池——罗马方城。在帝制时代，历代罗马皇帝将这里陆续改造成了居住区，居住区遍布整座山丘，气势恢宏，奢华富丽，纵横交错。帕拉丁这一山名至此演化为巴拉蒂姆（Palatium），宫殿“palace”和议会“palais”的名字便由此得来。

从卡里古拉宫俯瞰古罗马广场

帕拉丁山名字的由来别有一番田园风情。“帕拉丁”源自保护牧群的女神“巴勒斯”（Palès）。每年4月21日，拉丁姆的牧人们会欢聚一堂、清洗牲畜，庆祝巴勒斯节这一乡间节日。临近巴勒斯节的时候，山村的坡地上就已经鲜花锦簇；节日期间，人们用三堆柴火搭成三角形，牧人们需要跳跃着穿过层层火焰。

帕拉丁山山脚下有一座山洞，名叫卢佩尔内卡尔（Lupernecal）。据说母狼就是在这里发现了被遗弃在篮子里的罗慕路斯与雷穆斯，并用奶水哺育了兄弟俩。

前8世纪，山洞的下方出现了第一批茅屋，这些茅屋的外层有围墙做屏障。伊特鲁里亚文明时期结束后，帕拉丁山便成了贵族的聚居之地。在罗马共和国晚期，西塞罗、克拉苏和马克·安东尼都曾在此居住，奥古斯都则在这里诞生。随着奥古斯都宫（Domus Augustana）的兴建，贵族府邸渐渐消失。

虽然如此，在帕拉丁山的西南部，些许真迹保存至今，令人景仰。我们依旧能看见据说是浮士德勒——那个曾经收养了罗慕路斯与雷穆斯两兄弟的牧羊人的棚屋。在阿尔戈斯神庙的祭台上，人们会摆上用柳条编的模拟老者形象的假人。每年的3月，人们举行游行，举着假人穿过罗马；每年5月15日，守护圣火的贞女将假人投入台伯河中，以保护城市不受亡灵侵扰。正因为维瑞普拉卡女神（Viriplaca）能“平息丈夫们的不满”，所以维瑞普拉卡神庙负责处理失和夫妻产生的纠纷，夫妻轮番在神像前辩解，家庭往往能重归和睦。神庙的祭台上还摆放了安格隆尼亚女神的神像，她的嘴被人用布条塞住，所以她就无法吐露罗马的秘密名字。曾几何时，一位保民官大胆取下了布条，就被钉上了十字架，凄惨地死去。

前206年，一场陨石雨向罗马袭来。为了平息天神的愤怒，根据《西比尔预言书》的神谕，人们应将一块从天而降的黑色宝石迎入罗马，而这块陨石正供奉在小亚细亚的培希努城中。这块陨石是女神赛比利的象征。为了膜拜女神表达敬意，帕拉丁山上建起了一座神庙，以祭拜这位大地母神。

作为罗马帝国的第一任皇帝，奥古斯都希望将其统治植根于对旧有传统及旧时代神话的推崇之上。他因此将帕拉丁山上的3处宅邸连为一体，定为自己生活起居的地方，这个地方距离浮士德勒的茅屋仅有两步之遥。整座宫

（下接第36页）

帕拉丁山建筑一览图

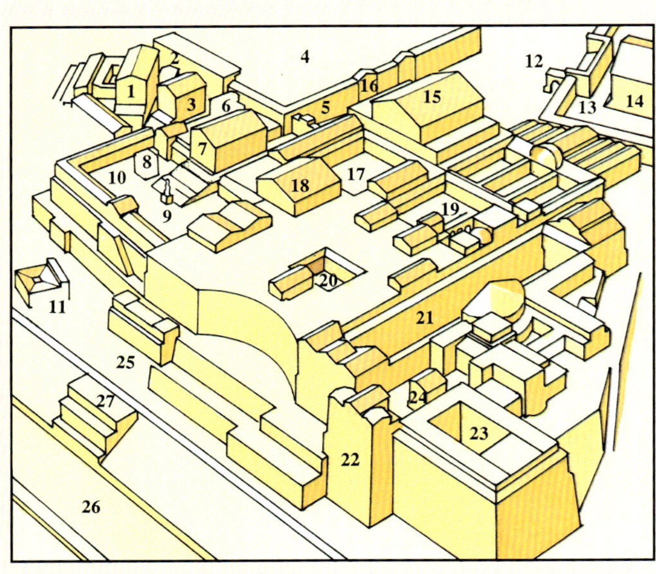

1. 赛比利神庙
2. 朱诺神庙（庇护女性）
3. 胜利女神神庙
4. 提比略宫
5. 屋大维凯旋门
6. 奥古斯都宫
7. 阿波罗神庙
8. 四柱柱廊
9. 阿波罗巨型雕像
10. 达那伊得斯柱廊
11. 西拉依瑞斯宫
12. 奥古斯都凯旋门
13. 五拱门建筑与埃拉伽巴路斯台阶
14. 埃拉伽巴路斯神庙
15. 弗拉维安宫王座大厅
16. 弗拉维安宫会堂
17. 弗拉维安宫列柱中庭
18. 弗拉维安宫朱庇特宴会厅
19. 奥古斯都宫柱廊和密涅瓦神庙
20. 奥古斯都宫“盾形”中庭
21. 奥古斯都宫体育场
22. 塞维鲁浴场
23. 塞维鲁宫
24. 神庙
25. 奴隶培训学校
26. 马克西姆斯竞技场
27. 皇帝包厢

奥古斯都宫的一个中庭，其中的喷泉呈盾形（亚马孙盾牌）

弗拉维安宫朱庇特宴会厅的石板图案

体育场，既是奥古斯都宫的跑马场，也是皇室宫邸

（上接第34页）

邸朴实无华，由大理石装饰，但墙壁上绘满了精致的壁画。

不久后，奥古斯都就为在其宫邸附近的阿波罗神庙举行盛大的落成仪式。阿波罗神庙原址是献给雷神的地方，它俯瞰马克西姆斯竞技场，是同时代最为富丽堂皇的神庙，人们可通过凯旋门进入神庙，凯旋门坐落于绿树成荫的广场之上，四周有黄色大理石柱廊环绕。在这些大理石圆柱中，有50尊圆柱塑像，代表着达那俄斯的50个女儿，还有50尊骑士雕像与之相对而立，这些骑士雕像象征着埃古普托斯的50个儿子，是她们的丈夫。神庙顶端雕刻着四马太阳金车的图案，大门镶嵌着牙雕，高高地矗立在底座中心。神庙之内，母亲拉托娜及其姐姐狄安娜的神像伴随阿波罗神像左右。罗马人将著名的《西比尔预言书》存放于阿波罗神像的基座之中。在神庙前方、希腊雕塑家米隆所雕刻的铜牛上方，悬挂着一幅阿波罗的巨型肖像。

提比略对他的继父屋大维修建的屋舍不甚满意，因为这些屋舍过于简朴。所以，他开始着手修建一座真正的宫殿。后来，他的继任者卡里古拉沿着宫殿面朝广场的一侧，另行修建了有穹顶的底层建筑。

尼禄在山上修建了中继宫殿（Domus Transitoria），这一宫殿毁于64年的那场大火。这位自大的皇帝又命人在原址稍偏北的地方，修建了宏伟的金宫。尼禄死后，金宫被毁，图密善又在帕拉丁山上重建皇家宫苑，他将设计委托给建筑师拉比里乌斯（Rabirius）。最为珍贵的大理石，最为精细的石板皆为其所用。图密善因为担心自己遭人暗杀——他的担心并无过错——所以他要求宫中的圆柱一律光洁无瑕，宛如镜子一般。

在西面，共有三个部分的弗拉维安宫（Domus Flaviana）组成了办公区域；在北面，巨大的皇室大厅（Aula Régia）高达30米，那里是王座大厅的所在地；大厅的左侧有一座会堂，皇帝便在那里主持各项工作。皇宫的中央则有一座大型的柱廊，那里有一座八角形水池，形态奇异，两边布满了植物，过了水池往南走，我们便来到了朱庇特宴会厅（Cenatio Jovis），这座进宴的大厅规模浩大，里面有几座喷泉，还配备着一套暖气设施。

奥古斯都宫则与弗拉维安宫毗邻，会聚着历代皇帝的私人住宅，由多座柱廊环绕。在宫殿的东面，一座两层柱廊围合的花园形成了一个体育场，人们特别喜欢在那里观看赛马。

在体育场的东侧，塞普提米乌斯·塞维鲁另行修建了一座宫殿，宫殿中设有温泉。在这一建筑序列下方，有一座宏伟的喷泉，高3层，装饰柱廊，至此，七节楼（Septizonium）已然曰臻完善，成为当时世界上最大的宫殿。

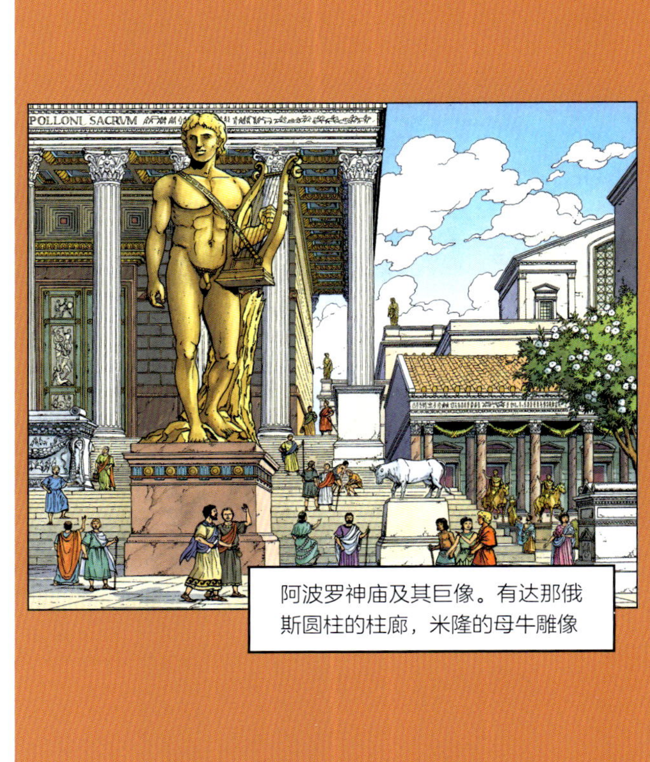

阿波罗神庙及其巨像。有达那俄斯圆柱的柱廊，米隆的母牛雕像

体育场废墟（宫殿跑马场）

帕拉丁山全景

帕拉丁山南麓的正面图。从左到右：西比尔神庙、胜利女神神庙、阿波罗神庙、奥古斯都宫、温泉以及塞维鲁的宫殿

马克西姆斯竞技场

曾几何时，马克西姆斯竞技场是当时世界上最雄伟的竞技场，供演出和竞技专用，拱廊里布满了店铺；如今这里只剩下了残垣断壁

只见大赛主席身着红装，头戴繁重的黄金桂冠，郑重地将白旗投到竞技场中，比赛开始了。在竞技场的一个小角落，一驾驾四马两轮战车从12道大理石拱券中一跃而出，在扬起沙土的跑道上飞驰，大约有30万名观众为参赛者们鼓掌欢呼。

迄今为止，马克西姆斯竞技场是罗马人为观看演出而修建的面积最大的建筑，全长640米，坐落于阿文提诺山与帕拉丁山之间，绵延于穆尔西亚（Murcia）山谷之中。

在伊特鲁里亚人占领时期，罗马人早已习惯坐在山坡上，观看为欢庆“10月牧马节”而举办的各种马术比赛。在罗马共和国时期，为礼敬神明而举办的比赛名目繁多，比赛的次数也随之增加。渐渐地，罗马人添加了一把把木质长椅，将217米长的跑道围挡起来。围墙分成了两部分，拐角处有两个界标，划定竞技场的两端。

在克劳狄统治时期，罗马人开始重建石头台阶。与斗兽场一样，台阶共有3层，呈拱形，那里有酒肆。罗马的历代皇帝都将他们的专用包厢选在帕拉丁宫殿的脚下，他们在这个大理石包厢上就座、看比赛。此时的围墙已用砖石砌成，墙上尽是壁龛，壁龛上刻有同比赛相关神灵的神像。7只铜蛋与7只铜海豚依次向大理石水池喷水，意味着每人共有7次机会。在围墙之上，有一组由铜棕榈像、御者雕像以及一尊尊记功柱构成的装饰，其中奥古斯都从埃及的赫里奥波里斯运回的方尖碑最为显眼。3个铜制的拐角处界标取代了原先的木质界标。在竞技场的小角落里，西面有大理石敞篷，东面有韦斯巴芗凯旋门，它们便是这座巨型建筑的边缘。

马克西姆斯竞技场，图片后方为12道大理石拱券

卡里古拉竞技场和梵蒂冈公墓。场地废弃后，人们于4世纪在这里修建了圣伯多禄大殿。方尖碑依旧装点着广场

比赛之日，一支盛大的游行队伍“庞帕”（pompa）从卡皮托尔山启程奔赴马克西姆斯竞技场，以彰显比赛的神圣。大赛主席，即负责组织赛事这一烦琐任务的官员，高高地站在马车之上，诸位元老、乐者、舞者和御者（即马车夫）紧随其后。诸神雕像平稳安放在银质或象牙制成的马车上，在罗马城的中央缓缓而行，道路两边尽是花环与帷幔。随后，大队人马停止行进，大赛主席在维斯塔贞女和祭司的簇拥下，在拱券上方的包厢里入座。 接下来，用抽签的方式选出4支相互对抗的队伍：红队、白队、绿队和蓝队。它们代表着不同的政治立场：红白两队反对政府，绿队受到皇帝的垂青，蓝队则受到元老院的欢迎。此时高居拱券侧塔的乐团奏乐响起，赌局顺利展开。大赛主席掷下了白旗，比赛正式开始。

同角斗士比武相比，战车比赛更令罗马人着迷，他们一早就来到了看台，直到晚上才离开。一天中共有25场比赛，小伙子们利用比赛的间隔，向姑娘们说着花言巧语，已婚妇女则卖弄着自己的服饰和妆容。

马车需要绕着围墙奔跑7圈，要行进整整3千米。在拐角处，领先者会最大限度地靠近界标，以迫使对手不得不往跑道的外圈跑，这是一种策略。在这里狭路相逢，勇者在众人的欢呼中占据了优势。在这里，几家欢乐几家愁的结局不断上演着。经常会有手脚笨拙的车夫驾驭的战车因为经过时与界标贴得太近，擦碰到车轴；马车失去平衡、侧翻在地，车夫往往会因此丧命。

罗马人一般会用四马两轮战车，不过有时候，为了让比赛显得不那么单调，有的队伍竟会用10匹马来拉一辆战车，但这也意味着风险翻倍！

最强的御者会受到人们的狂热追捧。诗人们向他们献上诗篇，而女人们则献上了她们的芳心。有些御者在退役时胜场数达到了2000多场，他们富可敌国，扬名立万！其中最有名的当数狄奥克勒斯（Diocles），他共赢得了4462场胜利，真是骄人的成绩！

有时候，在两场比赛中间，马克西姆斯竞技场还会为观众献上其他表演，比如御象表演和马术表演，同样精彩纷呈，令人印象深刻。

各个队伍进行赛前准备

在比赛期间，罗马的皇帝会赏赐众人诸多礼物，比如糖果、装满钱的钱袋，或是农场、房屋的所有权。在赛后举行的宴会上，赌运不好的人会一吐苦水，一天就这样结束了。

图特摩斯三世的方尖碑。357年，君士坦丁二世将其从底比斯掠至罗马，矗立在拉美西斯二世的方尖碑旁边，以装饰马克西姆斯竞技场的围墙。这座方尖碑高达32.5米，是最高的古埃及方尖碑。1587年，西斯都五世教宗下令将其运往拉特朗（Latran）

马克西姆斯竞技场。左侧近景是皇帝包厢。中间为围墙，上面有小型的纪念建筑，还有拉美西斯二世的方尖碑（后来，这里还竖起了图特摩斯三世的方尖碑），右侧远景为韦斯巴芗和提图斯的凯旋门。最右侧边缘的建筑为太阳和月亮神庙

战神广场

4世纪，战神广场几乎全被大理石与花园覆盖。在希腊式建筑的启发下，一代又一代的罗马皇帝为其子民修建了这处精美的休闲街区，这里修建后，很快便成为最受罗马人青睐的散步之地。日暮时分，在小树林的转角处，我们或许还能在不经意中听到情侣们的轻声细语。

阿波罗·索西亚努斯（Apollon Sosianus）神庙，建于前34年

战神广场依偎着蜿蜒起伏的台伯河，这里原本是皇家驻地，是献给战神马尔斯的、草木丛生的大平原。几个世纪以来，这里是行事粗犷的运动员与仰慕他们的姑娘和妇人的约会之所。孩子们在一片位于台伯岛的小小沙滩旁的水域练习游泳，沙滩位于小岛顶端，旁边便是台伯河；年轻的新兵在这里接受军事训练；年迈的人则喜欢在这片乡村地带闲逛，甚至从这里走到人口稠密的大城市的城门。因为这里地方宽敞，在投票选举的日子里，选民们会在这里聚集，在一栋名叫尤利娅公民大会会场的建筑中进行选举。

在第一次布匿战争期间，罗马人缩小了海滩的面积，为修建军港腾出空间。在军港里，他们受到了缴获的迦太基桨帆船的启发，开始自己打造战舰。

罗马城不断发展壮大，打破了原有的边界。空旷的战神广场面积巨大，这很难不吸引他人的注意。从前2世纪末期开始，第一批建筑从低矮的丛林拔地而起。落成的弗拉米尼乌斯竞技场（Circus Flaminius）有红队、蓝队、白队和绿队4支马车队伍参赛。米尼西乌斯柱廊（Le portique de Minucius）则是向穷人免费发放小麦的地方。无数神庙拔地而起，庞培出资向罗马城捐建了一座石头砌成的剧院，剧院旁边有几座宜人的花园，四周由大型的柱廊环绕。列柱之下是一个画廊，爱好绘画的人可以欣赏到帕乌西亚（Pausias）、安提非勒（Antiphile）和波利诺特（Polygnote）的作品；典雅的喷泉使凉意浸透小树林，众多雕像在其中时隐时现。这里还有一座供元老使用的会议大厅。前44年3月15日，恺撒在这里遇刺；他身上挨了23刀，最后倒在了庞培雕像的脚下，具有讽刺意味的是，庞培曾是他的手下败将。

战神广场上，还有其他柱廊为广场南部增光添彩。菲利普柱廊将赫拉克勒斯与缪斯神庙、马尔斯与伏尔坎神庙环抱其中，这些神庙无一不精美小巧。奥古斯都以他挚爱的姐姐为名，修建了屋大维娅柱廊，这一柱廊汇聚了罗马最为丰富的艺术珍藏：留西波斯、菲狄亚斯（Phidias）、波利克勒斯（Polyclès）、普拉克西特利斯等希腊艺术家的作品都曾陈列于此，使这位罗马人民之王的散步场所熠熠生辉。

不过，奥古斯都的大臣阿格里帕才是真正改造战神广场的人。在他的改造之下，战神广场成为纪念性建筑云集的街区。第二座剧院以马塞卢斯为名，修建于台伯岛对岸，马塞卢斯是奥古斯都的外甥，身世颇为不幸。随后，巴尔布斯剧院也拔地而起，与前者相比，这一剧院规模稍小，但是装潢更加精致。尤利娅

战神广场的万神殿

雷里兹-皮内提兹神庙、费罗尼亚神庙、福尔图娜神庙、朱诺·奎里特斯神庙（即朱图尔纳神庙）

奥古斯都主持修建的和平祭坛

银塔广场的圣道

公民大会会场两边有麦莱亚戈柱廊和阿尔戈英雄（Argonautes）柱廊，那里艺术藏品丰富，是学识渊博的文艺爱好者聚集的地方。虽然罗马人后期已经不在这里投票了，但是每到开放集市的日子，这里又变成了一片热闹的地方，有人售卖镶嵌着象牙的铜制家具，有人售卖从希腊或亚历山大里亚运来的小雕像，还有人售卖最为珍奇清透的丝织品，人人都以一种拉丁式的狂热讨价还价。见到此情此景，某些忧郁的心灵大概会对历史的变迁感慨万千了。

在百柱柱廊里，有些铜像面目可憎，凶神恶煞。其中，就有一尊张开了大口的母熊的铜像。有一天，一个孩子嬉戏时，将手伸进了这尊青铜母熊像张开的大口之内，随后厄运降临到了他的身上——盘踞在铜像下方昏暗之处的一条毒蛇咬伤了他。

在新街区的东面，弗拉米尼亚大道和老城区之间的地带，阿格里帕设计了一座大型公园，这个公园长约200米，依维普撒尼亚柱廊而建，公园里还有一幅大型的世界地图。

大平原的中央有一个沼泽，阿格里帕命人排出了沼泽的一部分水，缩小了沼泽面积，使其成为一个水塘，年轻人可以在这里尽情地划船。平静的水面上，一座华美花园的倒影清晰可见。在这片清新之地，罗马的第一代大型温泉应运而生，由一条新的引水干道——维尔戈水道供水。在花园的北面，阿格里帕虽然以众神荣耀为名修建了一座万神殿，但事实上，这主要是为他的领导者——奥古斯都大帝之荣而建。

为了郑重庆祝战争的终结，奥古斯都大帝又主持修建了一座献给和平女神的大理石祭坛。和平祭坛位于弗拉米尼亚大道沿线，造型精美华丽，表面雕饰着长长的浅浮雕，再现了奥古斯都家族游行时的情景；其工艺之精湛，标志着罗马的雕刻艺术达到了顶峰。

奥古斯都的寝殿非常简朴，不过为了安葬骨灰，奥古斯都开始为自己修建陵寝，欲同埃及金字塔一争高下。这位打败了克莱奥帕特拉七世的大人物并没有忽视埃及法老的经验。不过，他借鉴的是其内涵而非形式。奥古斯都喜欢在古老的伊特鲁里亚式陵寝中汲取灵感。这些陵寝的底部是圆形的，上面覆盖着圆锥形的坟冢，坟冢上种植着苍柏。在原本属于庞培的故地之上，有一座大型的公园，公园成了这座高调纪念性建筑理想的庇护所，这座公园一面临台伯河，一面与弗拉米尼亚大道相接。大道一路蜿蜒，直达一座广场的边缘。广场的路面铺满了大理石石板，奥古斯都曾下令在路面刻上一座巨大的铜制日晷仪，晷面中间矗立着一座埃及方尖碑，它落下的阴影便成了表针。

奥古斯都的继任者们继往开来。卡里古拉为一座献给伊西斯和塞拉皮斯的雄伟的埃及神殿举行了开幕典礼。在古罗马祭拜这些神灵虽然遭遇重重挫折，但却愈发为人所接受。

奥古斯都陵寝

万神殿内景

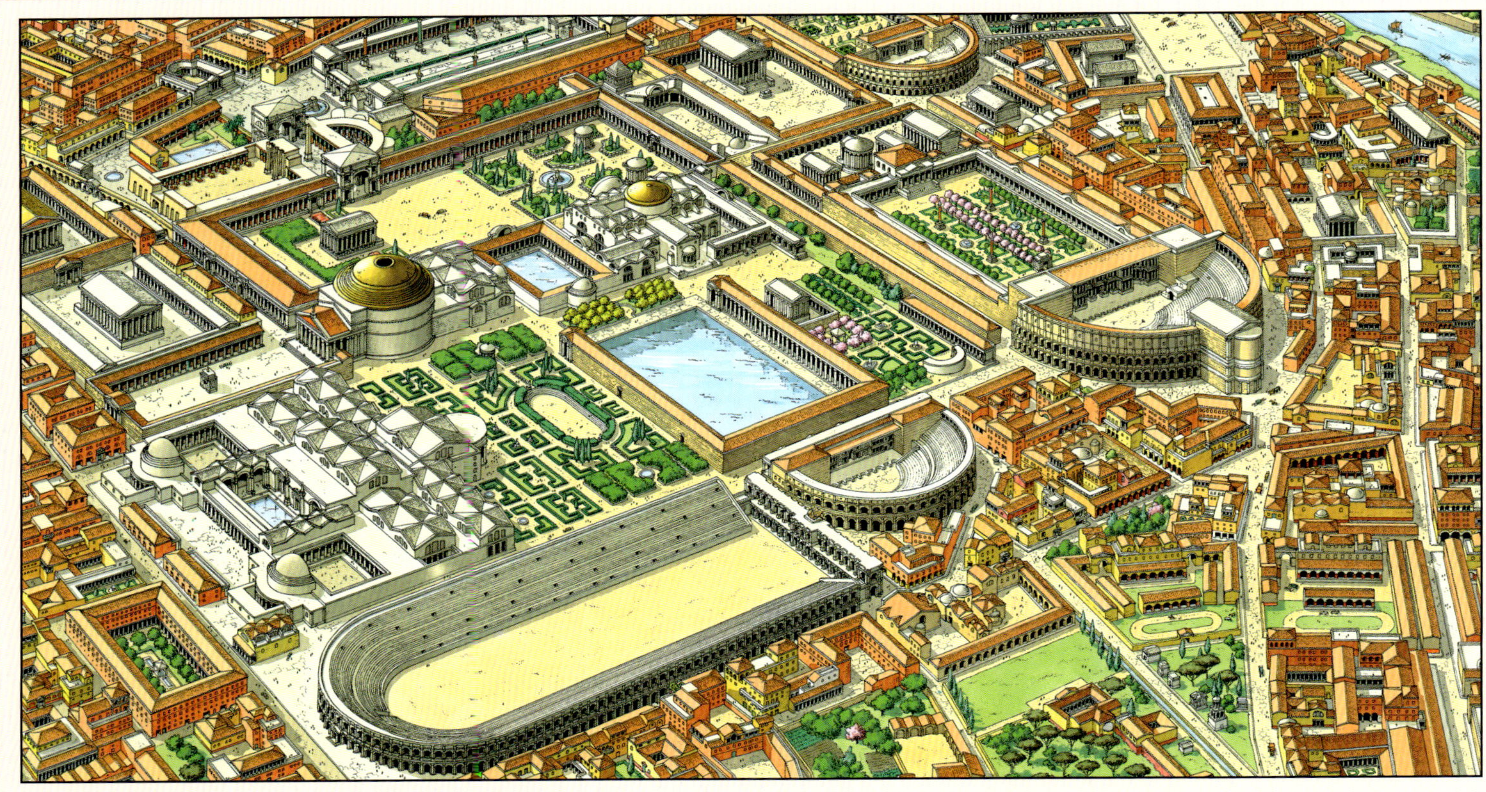

战神广场的中部

在中间偏左一点的地方，万神殿的穹顶清晰可见

插图下方有尼禄的浴场（附带园林）以及阿格里帕的池塘。底部有图密善体育场，音乐堂在其旁边。右边有庞培剧场，柱廊环绕着园林和银塔广场的圣道。

插图上方有巴尔布斯剧场

尼禄则主动兴修各式温泉，（温泉场所）向包括元老在内的所有人提供运动员锻炼必需的精油。图密善则主持修建了一座音乐堂和一座大型体育场。音乐堂是音乐会演出场所，体育场则是举办体育赛事的地方。到了中世纪，体育场的台阶上建起了房屋；随着时间的流逝，体育场成了罗马最富魅力的广场——纳沃纳广场。

哈德良重建了万神殿，使其形貌宛如苍穹。他还为这一圆形神庙加盖了当时世上最大的穹顶（直径达43米），这不仅是他的杰作，也为后世目睹罗马建筑的巧夺天工留下了有力的见证。如果说带有考林辛式三角楣的建筑物风格依然保有传统色彩，但其建筑内部如此纯粹的线条则完全不能归功于希腊，而是罗马艺术最巧夺天工的体现。神殿中，只有穹顶顶端有一处缺口，阳光透过缺口照射进来，让整座神殿沐浴在梦幻般的光影之中。阳光轻轻地拂过内壁，如同聚光灯一般，随着太阳运行的轨迹缓缓地变化着，这一切好似幻境，仿佛宇宙在自行运转。万神殿里，仅有的铜制品不翼而飞，最后发现是被教皇巴贝里尼[1]挪用去装饰圣皮埃尔大教堂。罗马人对此颇有微词，毕竟野蛮人都不敢这样做，而巴贝里尼却胆子这么大。

马尔库斯·奥里略（Marc-Aurèle）则主持修建了一根可与图拉真记功柱相比较的记功柱。两根记功柱的建筑时间相隔了近一个世纪。此时，罗马的军事策略已由进攻转变为防守。图拉真记功柱上的浮雕从容安详，再现了所向披靡的罗马时代；马尔库斯·奥里略的记功柱上浮雕刻画的人物饱经风霜，虽然彰显了庆祝胜利的主题，但却难掩对蛮族入侵的忧虑。

万神殿及拱门

万神殿的大门

【1】此处的巴贝里尼指的是教宗乌尔巴诺八世（1568—1644年）。他曾下令掠夺万神殿中的铜器，并将其熔化，以制成圣皮埃尔（Saint-Pierre）教堂上的华盖。

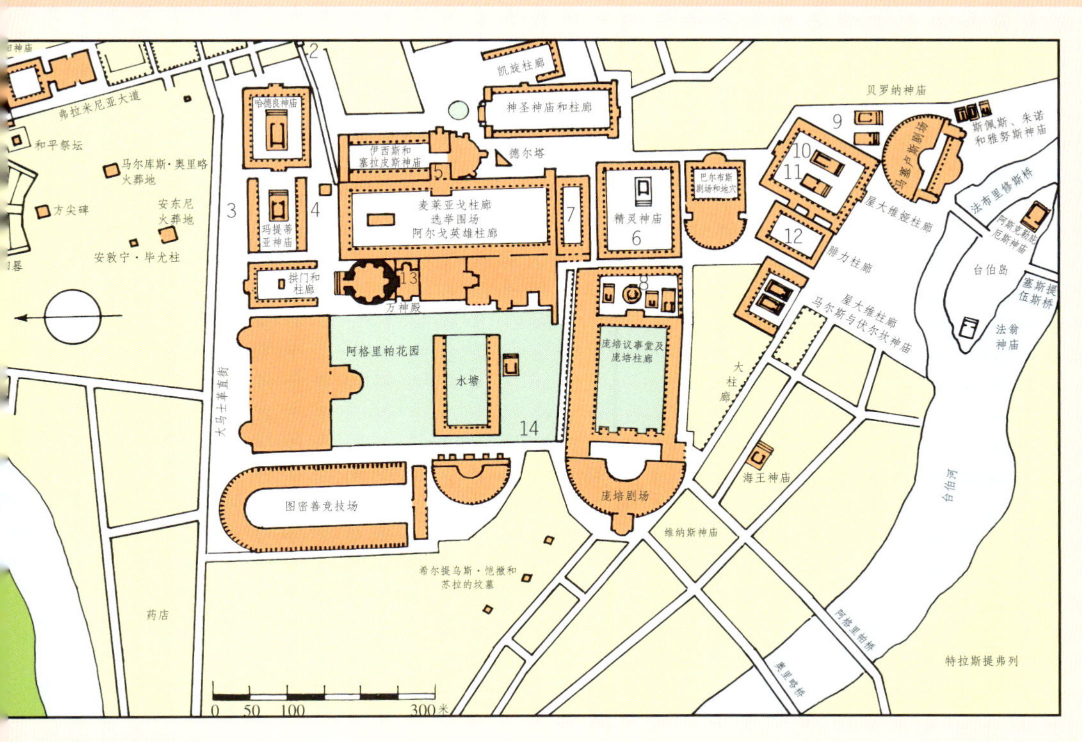

万神殿（局部细节）

战神广场布局图

1. 哈德良凯旋门
2. 克劳狄凯旋门
3. 玛提蒂亚会堂
4. 玛西亚那会堂
5. 四门殿
6. 米努西乌斯柱廊
7. 迪里毕托里乌姆[1]
8. 周围坐落着福尔图娜神庙、朱诺·奎里特斯神庙、费罗尼亚神庙以及雷里兹-皮内提兹神庙的米努奇娅柱廊
9. 阿波罗神庙
10. 朱庇特·斯塔托尔神庙
11. 朱诺女王神庙
12. 赫拉克勒斯与缪斯女神神庙
13. 海王会堂
14. 百柱柱廊

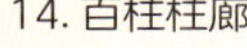

马尔库斯·奥里略记功柱乃为纪念马尔库斯·奥里略皇帝针对马尔科曼人（Marcomans，日耳曼人的一支）所发动的一系列战役而修建

奥古斯都陵寝

【1】迪里毕托里乌姆（Diribitorium）是一座位于战神广场的公共建筑，选举结束后罗马人在这里统计票数。

剧 场

罗马的剧场，与其说给予了剧作家灵感，倒不如说是建筑师设计的源泉。众多大型剧场拔地而起，这些建筑美轮美奂、造价不菲，其中上演的剧作倒显得平淡无奇。伟大的拉丁语剧作很快便湮没在质量一般的滑稽剧中。这些滑稽剧直接取材于古罗马斗兽场的竞技比赛，其效果足以吸引观众纷至沓来。高档的剧场往往人满为患，但墨尔波墨涅（悲剧女神）和塔利亚（喜剧女神）应当在别处寻人庇护，比如在文人墨客中，或是在一些私人演出的场合。

头戴面具的悲剧演员

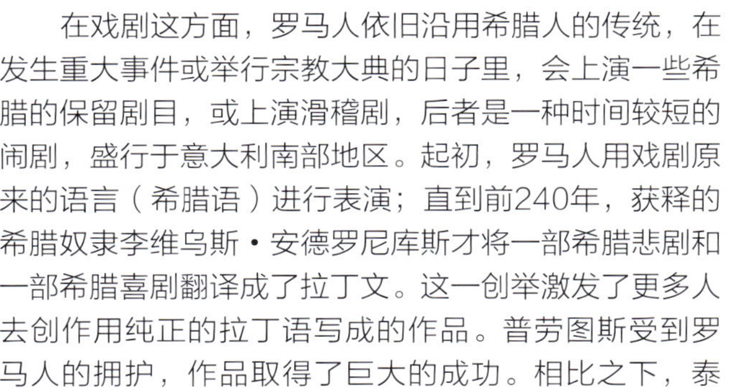

缪斯女神之一，主管抒情诗和长笛演奏的欧忒耳珀女神雕像

在戏剧这方面，罗马人依旧沿用希腊人的传统，在发生重大事件或举行宗教大典的日子里，会上演一些希腊的保留剧目，或上演滑稽剧，后者是一种时间较短的闹剧，盛行于意大利南部地区。起初，罗马人用戏剧原来的语言（希腊语）进行表演；直到前240年，获释的希腊奴隶李维乌斯·安德罗尼库斯才将一部希腊悲剧和一部希腊喜剧翻译成了拉丁文。这一创举激发了更多人去创作用纯正的拉丁语写成的作品。普劳图斯受到罗马人的拥护，作品取得了巨大的成功。相比之下，泰伦提乌斯的剧作却显得难以服众。他的剧作《婆母》首次公演的情形惨不忍睹，观众纷纷离席，宁可去为走钢丝表演鼓掌喝彩。

不过，大众却学会了欣赏戏剧艺术。在罗马共和国末期，罗马人的生活与戏剧相互交融，每天会上演多部剧目。演员们戴着面具表演，女性角色则由男人们演绎。与希腊不同的是，罗马人创建了专门的演艺公司，由专人管理，只要公演

马塞卢斯剧场

没有遭遇失败，费用便由组织方提供。

到了罗马共和国末期，剧本的文学水平开始下滑，这并不完全是罗马人的过错。罗马城凭着其非凡的魅力，吸引了大批帝国境内游手好闲的民众来到这里。在剧场的大台阶上，来自奥伦特斯河畔的乞丐和来自日耳曼森林里的山民交头接耳。至于雅典，其鼎盛时期也不过有4万名居民参加娱乐活动，而且希腊人都接受同样的教育。罗马则需要满足一大批民众的猎奇心理，这些民众来自四面八方，他们的品位往往比较粗俗。于是，罗马只能举办一些人人都能接受的演出。戏剧艺术不得不向大众的审美妥协，从而降低了水准。但历代罗马皇帝从未想过为这些人提供教育，去教化他们，实在是令人遗憾。不过，我们想想如今的影视产业，尤其是电影电视行业的发展情况，好莱坞大片充斥着各种特效，优秀作品的比例却直线下降，这与古罗马时期剧作质量降低的原因何其相似。

说到特效，罗马人对特效的掌握在当时达到了极致。他们通常用重型装置展现规模宏大的情景，甚至其中的剧情不过是应用这些特效的借口——幽灵消失得无影无踪，电闪雷鸣，众神在电光交错的刹那忽然现身。有时候剧作家会缺乏灵感，无法自圆其说，所以他们让扮演神明的演员在剧中搭着绞车从天而降，装作神明及时显灵，其实只为制造戏剧冲突，转移观众的注意力。“天降神明”这种把戏，即便是大名鼎鼎的剧作家欧里庇得斯，也不止一次动用过这种手段呢。

这些闹剧中充斥着暴力，与斗兽场一样，剧中的人物会相互杀戮，供观众取乐。剧作《劳雷奥卢斯》的主人公是一个窃贼，他持有刀具，并纵火作案，在将这个贼抓住并进行惩罚时，观众的狂热激情全部被点燃了。需要说明的是，到了最后时刻，人们会把演员换成死刑犯，钉在十字架上，然后把他扔到大熊的股掌之中。

《穆西乌斯·斯卡埃沃尔斯》这一剧目中的暴力情节也没有丝毫收敛。剧中的主角是神话人物穆西乌斯·斯卡埃沃尔斯，他就像希腊神话中令伊特鲁里亚狱卒惊恐的斯卡埃沃尔斯一样，饰演这一幕的犯人也要重复斯卡埃沃尔斯的誓言，任凭其右手完全被炉火所吞噬。如果犯人演技高超，能强忍着痛苦，忠实地模仿着剧本中的情形，甚至会得到减刑。

这类剧作的编剧什么都敢做，比如让产妇登台，现场表演生孩子，或心血来潮，再现迷宫里的公牛。这样的场面迎合了公众喜欢哑剧的心理。古罗马的哑剧是一种滑稽可笑的闹剧，取材于日常生活，在当时表演的内容往往比较粗俗下流。不过与悲剧和经典喜剧不同，演员们不需要戴面具，女性角色往往由妓女扮演。放屁声、吵闹声制造的演出效果奇佳，“芭蕾舞”也难得地带上了下流的意味，时不时出现在这些荒诞不经的表演中。

在前61年之前，演出都是在露天剧场中进行。事实上，罗马法律禁止人们修建这些追求世俗娱乐、不敬神明的剧场。庞培则绕过这条规定，主持修建了罗马第一座石头建成的剧场，并将这座剧场献给了胜利的维纳斯。全场有27000个座位。不久后，马塞卢斯剧场和巴尔布斯剧场额外增加了观众席。最后，在图密善统治时期，罗马城修建了一座有7000个座席的音乐堂，供人欣赏音乐演出。

由于是免费入场，观众往往是你推我搡，都想占据最好的座位，争执吵闹时有发生，以至于有天晚上，皇帝卡里古拉为了入睡，不得不下令将剧场内的观众赶走。同竞技场的情形一样，女人们的服饰妆容尽显优雅，古罗马诗人奥维德也曾对此做过形象的描述：女人们在这里争奇斗艳，就是为了彰显她们的存在，并借此引起他人注意。

演出的时候，一旦有人不喜欢这部剧，他们就会吹着口哨，肆意起哄。而有些人是专门被人雇来鼓掌捧场的，他们就会努力用掌声压倒对方。当时的这种氛围，相信读者不难想象。

马塞卢斯剧场是唯一保存至今的剧院。两层拱廊上，萨维利宫取代了原有的科林斯式阁楼

马塞卢斯剧场及被围起来的小型狄安娜神殿和谦卑神殿复原图。左上方为屋大维娅柱廊，右上方是阿波罗神庙和柏洛娜神庙。插图下方分别是法布里修斯桥、台伯岛和阿斯克勒庇厄斯神庙

浴场

古罗马的浴场，集个人清洁和体育锻炼的功能为一体，规模宏大的建筑与其文化和谐相融，是罗马文明最有力的见证。时至今日，浴场的废墟威风依旧，彰显着建筑的大胆风格。不过，站在这些铅华洗尽的墙垣跟前，我们可能难以想象浴场当年的奢华与精美。

卡拉卡拉浴场中的马赛克图案

在罗马共和国时期，罗马人每天都洗脸、洗胳膊、洗脚，并会为每9天一次的沐浴心满意足。因为在沐浴过程中，他们将享受到更多舒适的服务。在罗马帝国时期，沐浴成了一种日常活动，有些人甚至一天沐浴多次。虽然教廷严禁这种沐浴行为，认为这一行为败坏道德，但仍有神职人员违背戒律。有人曾因君士坦丁堡的主教西西尼乌斯每天沐浴两次而大惊失色，这位主教则回敬道，如果有时间，他每天会洗3次澡。

虽然如此，罗马人仍旧是花费了几个世纪的时光，才习惯了在大庭广众

卡拉卡拉浴场中的游泳池

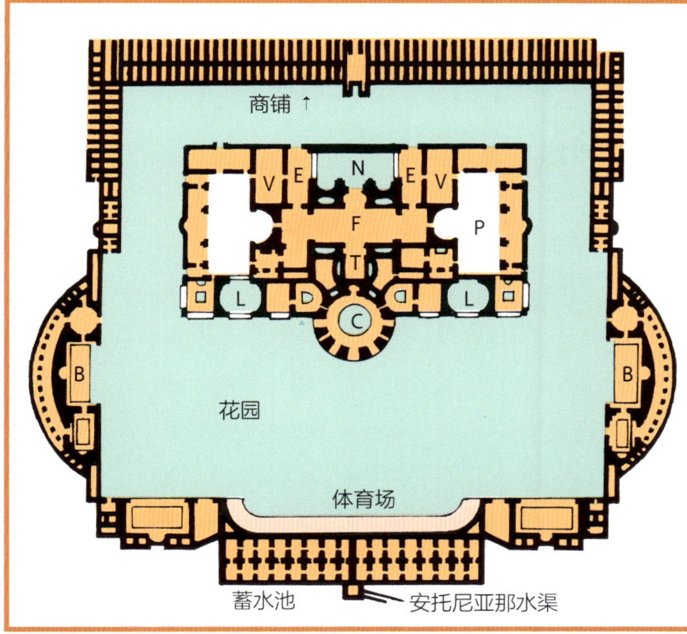

卡拉卡拉浴场

E 入口
V 更衣室
N 游泳池
P 健身场所
F 冷水浴场
T 温水浴场
C 热水浴场
L 土耳其浴室
B 图书馆

卡拉卡拉浴场的石板，上面有一个排水口

卡拉卡拉浴场

之下宽衣解袍——之前，做父亲的甚至不敢在儿子面前洗澡。不过，自罗马共和国时期伊始，罗马城中的浴室连年增加。然而，这一时期的浴室并不符合什么美学理念：阴沉沉的，功能单一，很少有人光顾，有人甚至给这种地方起了一个绰号——“鼹鼠画廊”。由于空间狭小，男宾和女宾只能错开时间洗澡。不过，门第家境较好的女子受礼仪所限，只能在自己家中沐浴。在罗马帝国时期，罗马城公共浴室的数量达到了967家。虽然有些浴室仍旧显得阴沉晦暗，但有些浴场则有专门的场地，那里装潢考究，设施完备。不过，若是论起规模和奢华程度，由恺撒出资修建的浴场无人能敌。恺撒修建浴场是为了罗马人的健康与娱乐，并且穷人和奴隶也可以进入这种娱乐消遣的地方。

在战神广场，阿格里帕着手修建了罗马第一批大型浴场。在希腊式的体育健身场馆，他将沐浴大厅合并进来，那里有游泳池、温水浴室、热水浴室和蒸汽浴室，此外还有负责按摩、修剪体毛的房间，以及各种医疗保健设施，构成了浴场的整体。临近浴场的地方有一座公园，绿树成荫，围塘而栽，方便人们散步。渐渐地，又有11座浴场在罗马落成，它们一座比一座雄伟，一座比一座奢侈。卡拉卡拉浴场占地11公顷，可供1600人同时洗浴。戴克里先的浴场则是罗马帝国规模最大的浴场，可同时容纳3000人。从尼禄统治时期开始，历代皇帝的修建计划并无二致，浴场的平面布局便基本固定了下来。浴场两边对称，中间的建筑是健身和洗浴的地方，在卡拉卡拉的浴场，共有10万名奴隶，他们辛勤工作着，以满足宾客所需。大型的地下室确保了烧火木柴、脏的或干净的衣服等物品的快速周转。蓄水池的水经炉灶加热后，通过管道网输送到浴室。水蒸气在大理石或马赛克墙面的后部流通，为这些庞大的建筑提供热量。

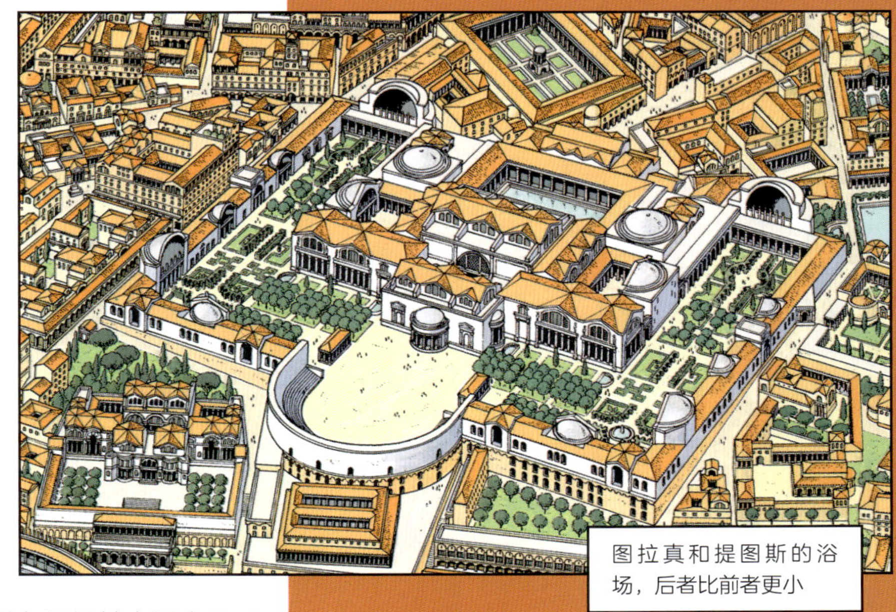

图拉真和提图斯的浴场，后者比前者更小

戴克里先浴场：冷水浴场

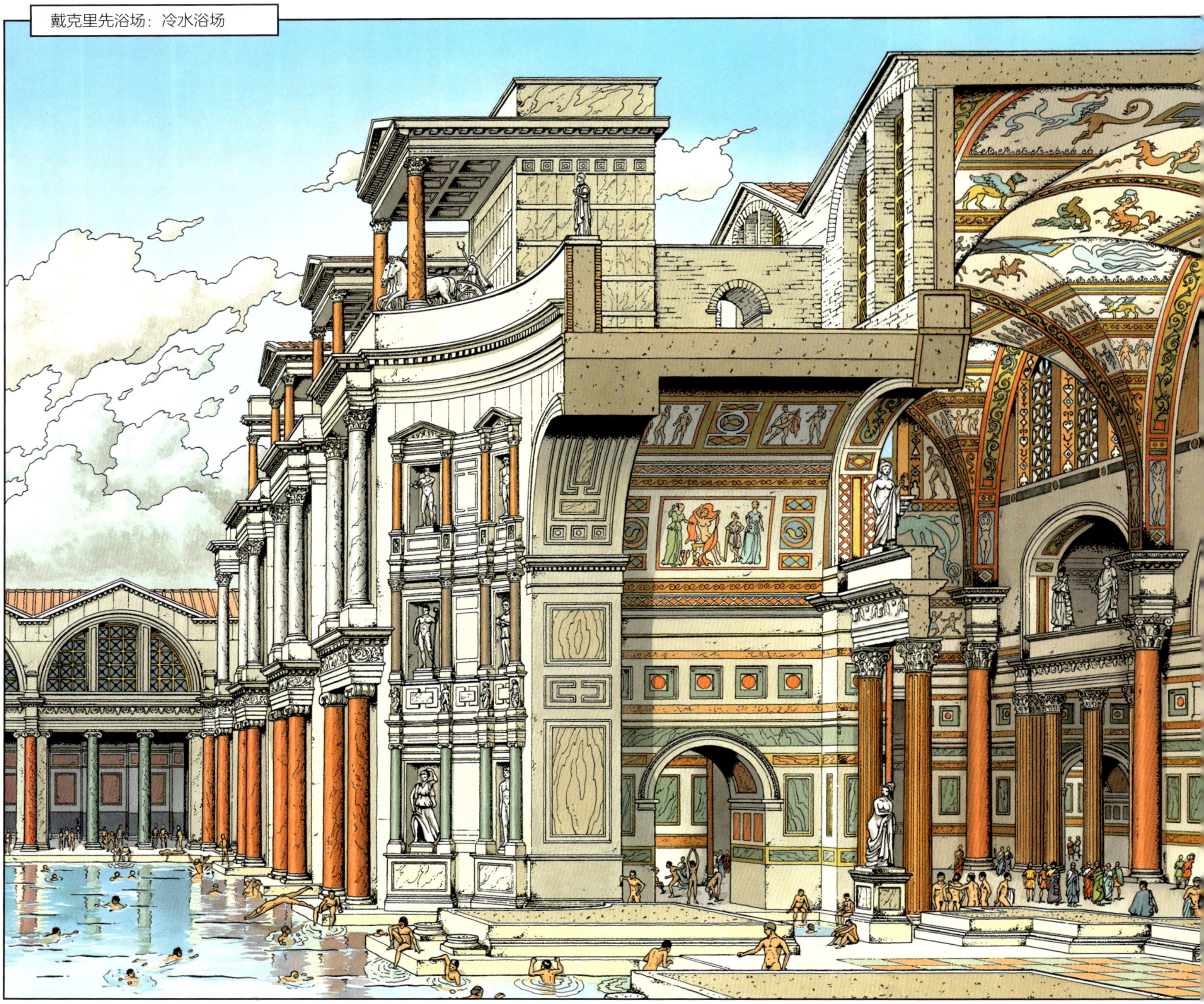

特制的浴缸。公共浴场中有一些这样的浴缸

戴克里先浴场

浴场附近遍布着花园苗圃；附近还有体育场，供人们进行体育竞技或者是对抗活动。在罗马城中，图书馆、会议厅、各式的餐厅和商店也是应有尽有。

浴场在中午开放，晚间才停止营业。埃拉伽巴路斯皇帝甚至允许人们晚间在浴场寻欢作乐，但他的继任者即位后马上禁止了这种行径。沐浴的时候，男女宾客们自己携带毛巾、刮板和以苏打为主要成分的肥皂、油脂球，用于刮除和洗涤皮肤表面的油垢。在大型浴场里，男女洗浴的场所分开，人们在更衣室中脱衣，把衣服放在更衣柜中。由于大家担心会有小偷出没，所以委托一名奴隶代为看管。普通人如果受到一名侍者的照顾便会心满意足，而那些显贵的人物毫不避讳，登场时由一队奴隶傍身，还有男仆和管家侍奉左右。

为了沐浴，罗马人首先会去体育场，以享受健身带来的乐趣。随后，再按照希腊名医盖伦的教导，在干热室体验一下桑拿浴，再洗一下热水澡。最后，他们会去浴场消磨时光。在浴场里，他们仅需要付很少的酬劳，便可以享受按摩师的手艺。有些人还会享受脱毛的服务，专情于全身脱毛的，必然是美貌自负的男子。最后，他们会振作精神，跳到泳池里畅游一番，全套的沐浴流程便结束了。

更衣之后，宾客还可以体验浴场提供的其他品类繁多的服务项目，如果不喜欢在公园的小路上四处闲逛，不喜欢看专业的体育赛事，他们还可以在图书馆里觅得清静，或是聆听演说家长达4小时的演讲。

卡拉卡拉浴场。这座中央建筑附带热水浴场的圆形大厅，还有园林，其中有赫拉克勒斯、法尔内塞公牛和雕像，现位于那不勒斯

台伯河及其沿岸

台伯河在拉丁语中有“罗马建城者”（genitor urbis）之称。这条大河是罗马城的起源之一，因其与罗马的位置关系，又被称为（罗马的）“第一道桥梁”。人们在沿岸修建了一座大型河港，泛黄的河水供养着这座河港。随着罗马文明的不断发展，有的河段俨然成为装点罗马城的一道风景。不过，台伯河神喜怒无常，他一发起脾气，屡屡会引发灾难性的洪水。

圣天使桥，旧称哈德良桥

台伯河最初名叫“阿尔布拉”（Albula，意为山峦之河流），后来伊特鲁里亚人把这条河命名为“泰伯河”（Thèbre），罗马人则将这个名字拉丁化为“蒂贝里斯河”（Tiberis）。有5名政务官负责河床的养护工作，他们均受到伯爵以及台伯河督办的监督；这些人负责管理由被释放的奴隶组成的一支队伍。

河水流过米勒维乌斯桥，穿过一道道颇具威仪的桥孔，便进入罗马城中。河岸郁郁葱葱，如田园牧歌一般。河岸上散布着大型的庭院，那里是皇家的住所。有时候，一条柱廊沿河而建，行人可于其间窥见岸边别墅的非凡气象。几只颜色鲜明的小船也会在栈桥之下慵懒地摇摆着。

哈德良桥（Le pont Aelius）桥下波涛滚滚。桥的一端便是雄伟的哈德良陵墓。后来，人们改了这座桥的名字，给它起了一个雅称，即“圣天使桥”。哈德良皇帝之所以修建这一大桥，是为了提供一条通往他的陵寝的通路。大桥上原有一座四马两轮战车的铜像，高约50米，传说，大天使圣米歇尔曾奇迹般地在桥上现身，所以这座战车铜像便被若干根有大天使铜像的柱子所取代（见第54至55页下方插图）。一道镶嵌着孔雀图案的铜栅栏将图密善花园和哈德良陵墓隔开。由于罗马又陷入动荡之中，这里逐渐成为军事要塞，变成了圣天使城堡。

在圣天使大桥的上游、跨过台伯河的防波堤上，人们将大理石块装船，运往作坊里切割打磨，这些大理石随后会被用来修建战神

广场。尼禄大桥同样位于台伯河上，尼禄母亲阿格里皮娜的宫殿高傲地俯视着这座大桥。在战神广场南部的一片小小沙滩附近，年轻的新兵正在接受游泳训练。在大河的对岸，令恺撒爱恨交织的、魔鬼般的姐姐克劳狄，正透过装潢精美的别墅的窗子，看着男儿们游泳嬉闹。

穿过阿格里帕大桥，沿岸的城市气息更为浓郁。台伯河这一河段几乎没有堤岸。房屋径直矗立在河水中。在右侧布局图的左边，我们可以隐隐约约地看见布匿战争期间留下的大型造船厂的遗迹。

关于台伯岛的诞生有两个传说。一个传说是，愤怒的人们收割了皇家土地上生长的小麦，然后将这些小麦扔进台伯河中，最后形成了台伯岛；还有一个传说是，在伊特鲁里亚人被赶出罗马的时候，罗马人曾将伊特鲁里亚人的国王扔进台伯河，污泥聚集在国王尸体的周围，形成了台伯岛。阿斯克勒庇厄斯（Esculape）是古希腊的医药之神，在罗马人将其雕像迎回罗马的途中，一条毒蛇从迎神的船里蹿了出来，一路游到了台伯岛上，人们将这条毒蛇当作神明的象征，认为阿斯克勒庇厄斯希望在这座小岛上安家，于是，罗

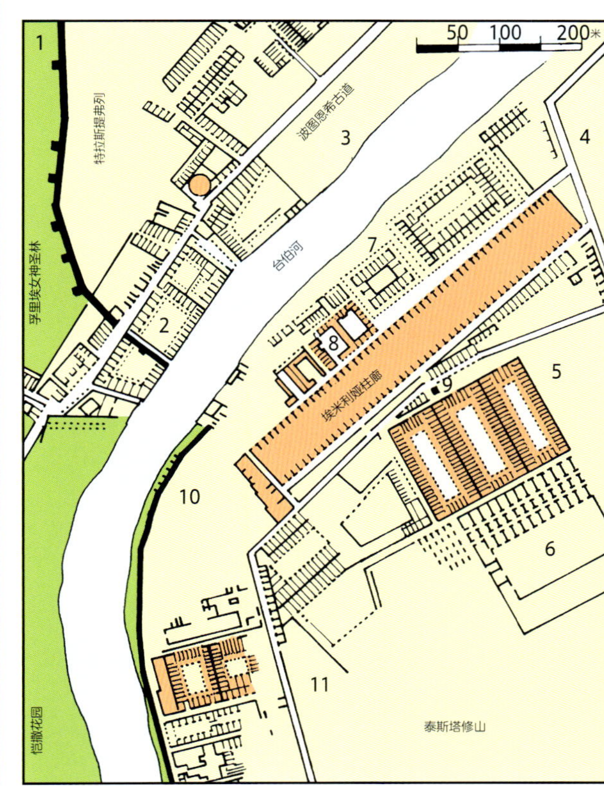

台伯河流经罗马的一部分河段两岸的布局图

1. 奥勒良城墙
2.和3. 货栈
4. 奥斯提昂西斯大道
5. 伽尔巴货栈
6. 货栈
7. 商业港口
8. 面包师广场
9. 伽尔巴陵寝
10. 塞扬努斯货栈
11. 罗利乌斯货栈

在公牛广场上面，罗马人修建了波图努斯神庙，用来供奉港口的守护神波图努斯。我们却把这座神庙叫作丰产神庙（Temple de la Fortune Virile），这其实是错误的，因为丰产女神是阿尔忒弥斯

台伯岛。图中主要景物从左到右依次为：塞斯提伍斯大桥、法翁神庙、维迪奥维斯神庙、方尖碑、埃斯库拉庇乌斯神庙、朱庇特·儒拉利乌斯（Jupiter Jurarius）神庙、法布里西乌斯大桥、屋大维柱廊和马塞卢斯剧场

圣天使城堡，原为哈德良的陵寝

马人为他修建了一座有柱廊环绕的大型神庙。后来，这座神庙成古城罗马唯一的一家医院。为了纪念这些事件，人们为小岛修建大理石的船艏与船尾，让本就像船的小岛与真正的船更为相似了。他们还在神庙前立了一座方尖碑，象征着船上的桅杆。

艾弥利乌斯桥则是垂钓人聚集的地方，据说那里的狼鲈最为美。不过，马克西姆下水道的排放口也在那里，这可是罗马城最脏的地方。

据说，在神话传说时代，大力神赫拉克勒斯也曾在这里泊靠岸。赫拉克勒斯大祭坛及三座圆形的小神庙使得那段故事经久衰。在神庙的四周，是屠牛广场（即集市市场），人们在这里进交易买卖。有一天，一头牛成功出逃，广场上的人开始追赶。这头怜的牛惊慌失措，一路狂奔到了一栋大楼的3层，然后一跃而下。

经过了苏布里齐桥那古老的木质栈桥，台伯河的河水便流入商业港口（l'Emporium），罗马城没有人从事生产业，一切依靠

哈德良桥以及哈德良的陵寝。近处是大理石砌成的卸货、下客用的码头。远处是阿格里皮娜宫殿和梵蒂冈街区。右边是图密塔的园林（les jardins de Domita）及奥古斯都的岳母森提亚的屋舍

商业港口。左侧是阿文提诺山，再走500米就能来到埃米利娅港（le porticus Aemilia）

口，来自世界各地的商品纷纷从遥远的行省运来，积聚在商业港口的大型货栈之中。

作为最长的柱廊，埃米利娅柱廊全长近500米。一些在生产过程中产生瑕疵的双耳尖底瓮就堆积在距其不远的地方，结果人工堆积形成了一座山丘——泰斯特克斯山（Mont Testaceus），此山的高度与台伯河面高度相差约30米。数千名工匠和脚夫在这里劳作，他们时常聚首在货栈旁、面包店里、酒类批发商和木材工人的大街上。

经过一段蜿蜒曲折的河道之后，台伯河沿着恺撒的大型庭院一路奔流，远离罗马，奔向了奥斯提亚港。

艾弥利乌斯桥，现已更名为洛托桥（Ponte Rotto）

因苏拉

古罗马有46602套名为“因苏拉”的公寓，街道保养状况不佳。这里的生活属于典型的地中海式的生活，喧嚣、吵闹而又五彩缤纷。罗马大概与北非那些人口稠密的地区有许多相似之处吧。

在前2世纪之前，罗马的穷人们不是租用有楼层的房屋，就是住在贵族所住的楼房“多姆斯”（domus）的附属建筑（比如厨房和马厩）里。随后，由于外省人大量涌入罗马，罗马人只好设计出一种垂直的、由数座公寓组成的楼房，以供人租用，这就是所谓“因苏拉”（该词的原义是“小岛”）。到了罗马帝国时期，“因苏拉”的数目有增无减，而传统的“多姆斯”却有消失的趋势（4世纪，罗马有46602套“因苏拉”，而“多姆斯”仅剩1790套）。

大多数“因苏拉”有四五层楼，与军队的营房有颇多相似之处。有些“因苏拉”的外观非常华丽。这种房屋基本上由砖头精心搭建而成，可以容纳约百名租户。房前的一楼有一扇大门，有时候大门上方还有三角楣，方便人们进出一层的公寓。人们可以通过楼梯抵达各层，也可以走另一扇门直接来到大街上。各种装饰五颜六色的商铺在房屋的两头一字排开，葡萄藤编织的花环则意味着这里有很多小餐馆，人们可以在里面吃一顿热餐，暂时忘记生存的艰辛。

大楼的正面有多扇窗户，有的户型外面还有长长的阳台，上面布满了花草。房间窗户价格昂贵，所以开口相对较小。住在顶层的人，只要能拥有一面小小的护窗板就心满意足了。有的房屋可能会有宽敞的室内阳台，顶楼平台则会通往位于屋顶的艺术家工作室。

通往一座“因苏拉”的楼梯间入口处，位于奥斯提亚港。罗马港口有很多该类型的建筑

这种类型的“因苏拉”通常附带着一座庭院。庭院正中有一座蓄水池，居民们可以往家里提水。虽然家家户户都与饮用水的管道相连，但是这条管道只能为底层住户提供水源。一扇大门朝着便所而开，也许楼内仅有这一座便所，若在距离门房很近的楼梯下放置着一个木桶，则简单地表明这个房屋没有空间设置便所。一间公寓房内有三四个房间，还算比较宽敞，不过租金昂贵，所以租户们不得不将其中一个房间转租出去。而通常接受转租房的这名租户就会用可移动的木板把自己的房间隔断，然后又将隔断间出租

一个平民街区的十字路口。我们可以看到图里有“因苏拉”，有小酒馆，还有蓄水池。左侧的一个壁龛里供奉着拉尔神，以求他能够庇护着这个十字路口

给他人，这种做法并不罕见。所以，其中的杂乱无章，我们不难想象。在“因苏拉”里，甚至连良好的睡眠都成了一件奢侈的事情：由于白天禁止车辆通行，所以为罗马城内送货的货车只能在夜间通行。货车装载着沉重的货物，走在石板路上，轮子嘎吱作响，这种噪声可以持续一个晚上，让人根本无法入睡。幸好，拉齐奥地区气候温暖宜人，人们可以一整天都待在室外。

而有些“因苏拉”公寓房里装修得比较奢华，不仅铺着黑白相间的马赛克地砖，还在墙面装饰了典雅的壁画。有些甚至还有私人浴室。恺撒在年轻的时候，就曾住过这样的屋子。

不过，这种“因苏拉”在恺撒时代却并不流行。那时候的“因苏拉”大多非常狭窄、破败，甚至大部分用糊墙泥黏合而成。房东希望收到的租金越多越好，所以自己的楼房自然是越盖越高，这个时期的“因苏拉”是从地下室到顶楼阳台，一层一层地往上累积的，有的“因苏拉”甚至有7层楼，好似要和天空比一比谁更高。不过，住在顶层的是最贫困的人。如果房子倒塌了，租户们就会遭殃，而这种情况时有发生。不过，房东却没受什么影响，甚至会走运发财，他们可以连带建房的材料与地皮一起出售，所获利润非常丰厚。这种投资势头良好时，有些人，比如作为“前三巨头”之一的克拉苏会将整条街都买下来，以便投入这种回报颇丰的资本游戏中。

因苏拉林立的罗马城区一隅

后来，罗马的诸位皇帝一再尝试颁布法令，规定“因苏拉”的高度不得超过20米。不过，总有人不遵纪守法。为了使得出租的收入更加丰厚，有的房东会在墙体厚度上打小算盘。普劳图斯记载了这样一桩趣事：一名男子实在是厌倦了被老婆欺骗的生活，于是便走出家门，在公寓门口住了下来；可就在门口的男子却不知道，住在隔壁的情敌亲手在隔墙上挖了一个大洞，爬上了他老婆的床。这些房子破破烂烂，而且没有自来水。罗马城内共有1352座蓄水池，居民们得到那里去打水。为了在冬天暖和一点，他们只能凑到露天的火盆旁边。各种天灾人祸使得住户经常蒙受损失。我们可别忘了，这种建筑大多是木质的，一旦着火，火势就会迅速蔓延，烧毁一大片房屋。罗马城有过四五场大火灾，波及范围之广，损失之惨重，永远刻在了人们的记忆之中。

一般认为，64年的罗马大火是由尼禄一手制造的，虽然这一说法很有可能是错误的。火灾开始的时候，尼禄并不在宫中，而是在大竞技场旁的一个商铺里。他的宫里藏着无数珍宝，是最先受灾的地方。疏忽大意当然是火灾发生的原因，但是他的政敌却试图使大众认为尼禄才应该为大火担负责任。尼禄无言以对，只能说基督徒才是人民的公敌，应接受公判。在经历了恐怖的七天七夜之后，大火终于熄灭。虽然罗马城中有7000名消防队员坚持奋战，城内仍有三分之一的地方化为灰烬，损失惨重。

蛇的因苏拉，位于奥斯提亚港

这座“因苏拉”正门的上方有三角楣，意味着这一建筑是较为豪华的“因苏拉”（奥斯提亚港的埃巴加提乌斯货栈）

皮帕拉提卡大道（La Via Piparatica）位于罗马的图拉真广场之上，让人想起了古老的罗马大道

多姆斯

虽说罗马大部分人口住在拥挤的“因苏拉”里，但仍有约2000多户享有特权的家庭在舒适的、叫作“多姆斯”的私人公馆里，享受着精致生活所带来的乐趣。有些“多姆斯”外观比较朴素，有些则藏身于幽暗的公园中，豪华程度可与皇宫一较高低。

著名的《拉奥孔群像》，罗德岛的阿格桑德罗斯应一位罗马人的要求雕刻而成。起初，这尊雕像摆放在尼禄的金宫里，后来又成为图拉真浴场一座大厅的装饰品

5个世纪以来，一座“多姆斯”的占地面积通常为300平方米；10余间厅室围绕中庭分布。中庭是一家人起居的地方，内有壁炉，有些是为家族保护神设立的祭坛。这种传统建筑一直到罗马帝国末期依然存在，尤其是在市中心地区。当然，这些“多姆斯”有时也会湮没在一众最肮脏凌乱的“因苏拉”中。

不过，在征服希腊化世界的进程中，罗马诸位将军们渐渐意识到自己的住所太过朴素，于是，他们进行了扩建，修建了一种希腊式的别墅。这种别墅更加舒适，所有的房间都通往一条典雅的柱廊，柱廊围绕着花园，园内装点着喷泉。原先面朝大路的部分改用于公务接待，屋主在这里设置他的办公室，新建的部分则是一家人生活居住的地方。这种类型的房屋占地面积一般为1000~2000平方米。罗马城内有些山丘可以俯瞰旧城区，在那里，这种房屋比较多见，当然它还要与那些豪华富庶的“因苏拉”分享土地。

有些人则认为这一切实在是颇显局促。随着时代的发展，那些富人无视公众对他们炫富的反感，以大理石柱廊装饰他们屋舍的外墙，又增设了一道甚至是两道或三道柱廊，添设诸多游廊和屋顶阳台，以显示他们的尊贵。而这种扩建导致其中某些住宅的面积甚至达到了两公顷，花园面积还没计算在内。

金宫。摆放《拉奥孔群像》的大厅

在罗马共和国末期，修建园林俨然成为最后的优雅风尚。有的园林精致无比，里面有私家温泉、私人浴室，有柱廊，甚至还有跑马场或竞技场！“宁芙”（nymphée，宁芙是希腊神话中掌管水元素的神，这里指园林内有水的避暑场所）共有两类，一类是人工修建的洞窟，一类是有穹顶的屋舍，里面泉水沁凉，恭候着屋舍主人在最炎热的季节大驾光临。

建筑师们征服了自然，将山丘整合为平台层叠，配设观景之处，引入江河湖水。园艺师们修剪灌木，为它们赋予了多种多样的形状；有的甚至将灌木修剪出了狩猎的场景。如此一来，罗马人便形成了一套修剪艺术。这一片葱绿之中，无数神话雕像装点其间，有人也会因此受到启发，确定了园艺修剪或建筑装潢的主题。这些雕像要么是掠夺而来的战利品，要么是质量上乘的复制品，而后者在罗马众多的希腊式作坊中比比皆是。

这些园林占据了罗马城的周边，不是建在山丘上，就是建在台伯河沿岸，因为那里仍有空余的土地。其中最负盛名的，当数卢库鲁斯的宅邸，此人打败了米特拉达悌六世，他的屋舍位于城北，俯瞰战神广场。一座宏伟的楼梯将不同的顶楼阳台连接起来，阳台下方是半圆形的“宁芙”，里面10余道泉水奔流而下，晶莹剔透的泉水叮咚作响，仿佛与人窃窃私语（参见第59页下方插图）。这里的一切不过是为了让人心情欢畅。

我们也可以介绍一些属于恺撒和萨卢斯特的园林，不过最能引人遐想的，非金宫（Domus Aurea）莫属。64年的罗马大火发生之后，尼禄便下令在罗马的市中心，在那仍旧冒烟的废墟之上修建了这座著名的金

奥斯提亚港，爱神与普赛克“多姆斯”富有魅力的一个房间与“宁芙”

李锡尼家族的“宁芙”。这些与园林、宫殿和巨大的“宁芙”一道，归加里恩努斯皇帝（3世纪）的家族所有

色宫殿。金宫的构思极其巧妙：在鸟兽云集的树林之中，几座小楼分散其中；中心处有一个人工湖，仿照内海模样而建；此外，那里还有一座面朝古罗马广场的前庭——金宫真正意义上的立柱之林，其中摆放着高27米的尼禄巨型雕像。

金宫的主殿长达300米，宽190米，依奥庇乌斯山的山坡而建，殿内的陈设极尽奢华，与金宫所有者尼禄疯狂的品性相契合。

天花板上，象牙石板遮盖着管道。宾客宴饮之际，花朵带着芬芳从管道中飘然而下。主殿内还有一座八角大厅，这样的设计会让人觉得大厅仿佛在原地旋转着，好像宇宙一般。温泉中流淌着海水与硫泉。数间“宁芙”高达10余米，上面均装饰着马赛克图案和贝壳，只见无数道泉水从奢华的清池中奔流而下，令人欣喜着迷。墙上的壁画如此具有颠覆性，以至于拉斐尔及其同辈人都曾临摹参照。这座金宫的几乎所有地方都是黄金和宝石！尼禄把著名的《拉奥孔群像》摆进了其中的一间屋子里，后来这尊雕像则用来装饰图拉真浴场。当尼禄终于可以入住这座宫殿时，他发出了感叹：“我终于能像人一样，住进这宫殿了！”

疯癫的尼禄皇帝去世之后，人们开始拆除金宫，图拉真在原址上建立了浴场，古罗马斗兽场则占据了原有的人工湖。

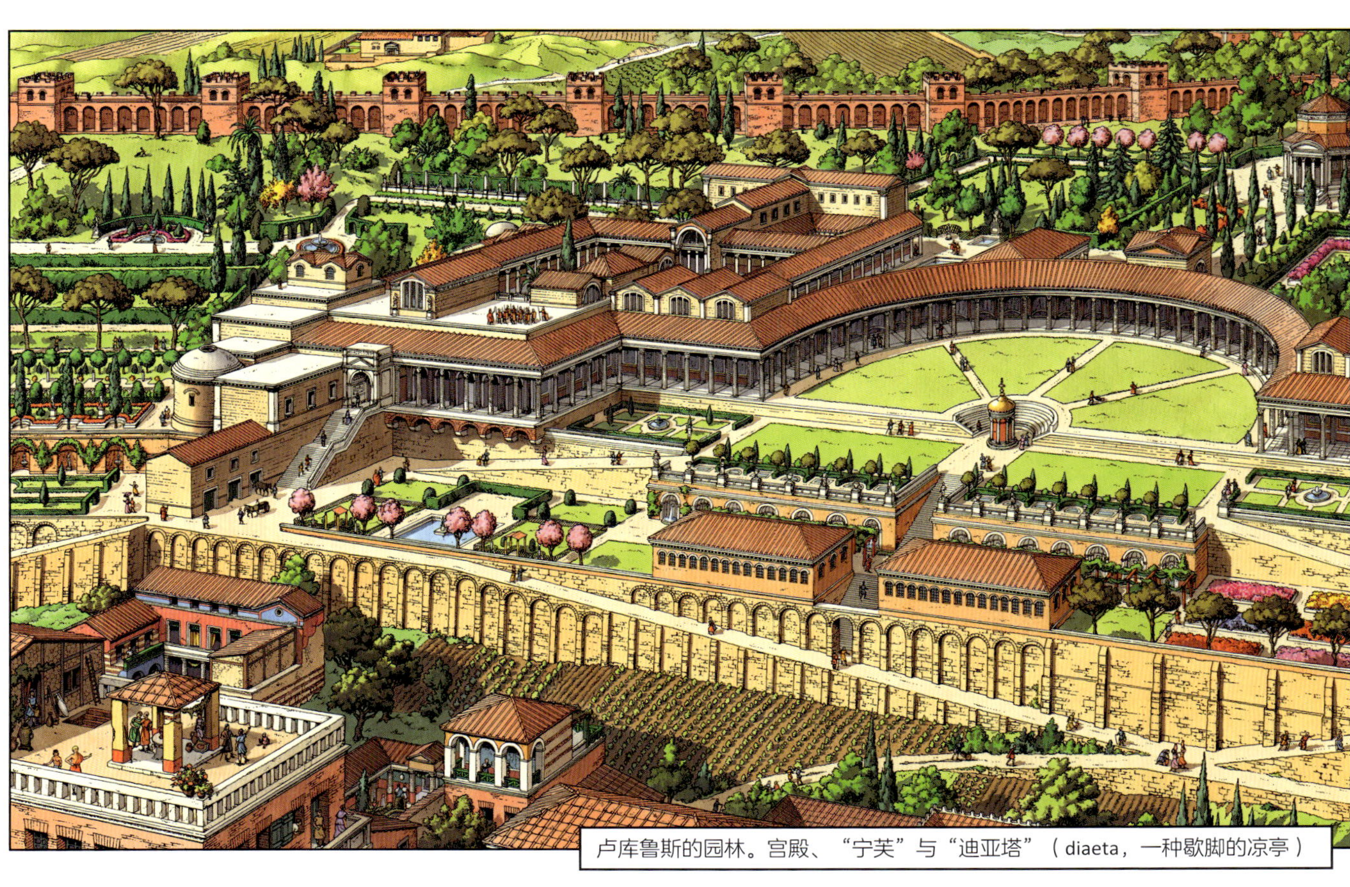
卢库鲁斯的园林。宫殿、“宁芙”与“迪亚塔”（diaeta，一种歇脚的凉亭）

奥勒良城墙

270年，蛮族威胁着意大利半岛的安全。一支阿拉曼人的游牧部落冲破了防线，在半岛北部大肆洗劫。罗马人陷入了恐慌。于是，奥勒良皇帝决定修建城墙。这是古罗马留给我们的最为坚固的城墙。

亚壁门，又名圣塞巴斯蒂安门

依照传统，第一道保护罗马的城墙可以追溯至前6世纪中期伊特鲁里亚国王塞尔维乌斯・图利乌斯的统治时期。前390年，高卢人的入侵使这道城墙损毁严重，罗马人在不采用砂浆的情况下，使用凝灰岩将其加固重建。重建后的城墙长达11千米。后来，罗马长期处于和平之中，这道城墙便显得碍事了。那时的罗马正处于急剧扩张的状态，四处都突破了老城墙的限制。人们便不再保养城墙，使其沦为废墟，废弃的城墙成就了某几处迷人的罗马风光，其他部分则变得不宜光顾，成了妓院丛生的地方。

经过了3个世纪的繁荣之后，不安与动荡重新降临，修建新的城墙已然迫在眉睫。奥勒良将这一巨大的工程交付给了罗马的建筑工匠行会，他们用了整整5年的时间将所有的城墙建成。城墙共有18个城门，设有383座塔楼，全长19千米，真是恢宏壮观。城墙上有7000个城垛，配宽4米的巡逻线；城墙上还有2066个开口，以便投射机进行发射……最后，这道城墙上还有166间公厕。如此一来，罗马城不仅保护了自己免遭蛮族的侵袭，还再次向世人彰显了它的雄伟与意志。

亚壁门（圣塞巴斯蒂安门）与亚壁古道

仔细一看不难发现，由于这一工程耗资巨大（需向共35.8万平方米的土地所有者进行赔偿），入侵的威胁迫在眉睫，所以修筑工程受到了限制。首先，罗马共有土地1800公顷，而奥勒良城墙只将其中的1372公顷纳入保护范围内。一些大型的街区，尤其是那些位于台伯河东岸的，便处于城墙的保护范围之外了；那些不受保护的地方极少有人居住，到处是园林与别墅。一些大型建筑，比如卡里古拉竞技场和梵蒂冈海战戏场便被排除在外，不过在动荡时期，这些场所也不对外开放。

随后，为了压缩时间、节省开支，城墙工程在进行中利用了不少曾经的建筑物，或许这些用既有建筑物材料修建的城墙达到了它总长度的十分之一。城墙内，有来自“花园山丘”品奇欧山丘的护土墙支撑，规模庞大的禁军军营，也有高架引水桥，“因苏拉”的立面，还有一座圆形剧场，甚至还有一座大理石金字塔。这座金字塔高36米，在吞并埃及时期，由大祭司塞斯提伍斯所建。一道献给奥古斯都的凯旋门，摇身一变成了“提布提那门”（Porta Tiburtina）。此外，这道城墙也多次跨过了皇家领地，这样也节省了土地征用的开支。

盖乌斯·塞斯提伍斯金字塔和奥斯提亚门（又名圣保罗门）

普奈勒斯蒂门（主城门）和韦尔吉利乌斯·欧里萨切斯的坟墓

最后，城墙的高度不过6米，虽然足以击退外敌入侵，但在遭遇持久围困时作用十分有限。皇帝马克森提乌斯惧怕与其争夺大权的君士坦丁一世发动袭击，便将城墙增高至7.5米。5世纪时，城墙的高度达到了10米。

城门以其所在的大道而命名，而其中最重要的会修建成双拱门，洞石饰面，一双半圆塔楼立于两侧。奥斯提亚门（Porta Ostiensis）、亚壁门（Porta Appia）、普奈勒斯蒂门（Porta Praenestina）和弗拉米尼亚门（Porta Flaminia）便是依这种方式设计而成。不过出于安全考虑，在5世纪的修复工程中，有两道旧拱门被一道新拱门所替代。

奥斯提亚门的旁边便是塞斯提伍斯金字塔，奥斯提亚大道也以前者为开端。5世纪，这道城门更名为圣保罗门，因为朝圣者得走过这道城门，才能前往以这名使徒命名的大教堂。亚壁门的下方便是著名的亚壁古道，它是年代最为久远的罗马大道。能将墓穴安置在这条大道的沿线，实在是荣幸之至。亚壁古道以罗马城墙为开端，绵延16千米，沿途约有3万座墓穴，其中大部分墓主为知名人物。后来，亚壁门更名为圣塞巴斯蒂安门，其地下墓穴就位于距离古道不远的地方。

主城门，旧称普奈勒斯蒂门，为了建造它，建筑师取来了两座用来修建克劳狄高架引水渠的拱门，两座壮观的拱门曾被皇帝改造成了凯旋门，建筑师令它的巨石浮雕与光影完美结合，最古老的巴洛克式建筑便问世了。再往前一点便是面包师韦尔吉利乌斯·欧里萨切斯令人好奇的坟墓了。

亚西那里亚门（Porta Asinaria）

拉丁门

朝向亚壁门一侧的奥勒良城墙

被围栏围住的塞斯提伍斯金字塔，离奥斯提亚门不远

建筑元素

下楣
顶层
柱头
柱体
科林斯式立柱（涅尔瓦广场）
复合柱（提图斯凯旋门）
爱奥尼克式立柱（古罗马广场）
复合柱头（弗拉维安宫）
多立克式柱头（弗拉维安宫）
爱奥尼克式柱头（萨图恩神庙）
科林斯式柱头（涅尔瓦广场）
复合柱头（君士坦丁会堂）
图案柱头（协和神庙）
天花板（弗拉维安宫）
圆柱及装饰圆柱的柱头（朱庇特宴会厅，弗拉维安宫）
SENATVS
POPVLVSQVEROMANVS
DIVOTITODIVIVESPASIANIF
VESPASIANOAVGVSTO
提图斯凯旋门（最为经典的凯旋门）
柱头（图拉真图书馆）
柱头（乌尔皮娅会堂）

家具与器皿

容器与餐具
照明器具
扶手椅和茶几
高脚椅、椅子和茶几
双耳尖底瓮
手术器材
磨盘
榨油工具
桌子、壁橱和储藏柜
战车
凯旋式战车
西塞约姆（cisium，比赛用轻型战车）
卡尔本图姆（Carpentum，出行专用马车）

服饰与人物

罗马人的服饰多种多样，在军事领域尤为如此。普通民众的着装变化很大，从罗马共和国初期庄重宽大的长袍，到帝国末期五光十色、价格不菲的衣裳，两者之间存在着天壤之别。几个世纪以来，罗马人的统一着装经历了深刻的变化。

分类

1—8：古罗马的主要神祇；

9—17：农民、奴隶、旅行者和政务官；

18—25：角斗士、警备队和祭司；

26—32：军官和士兵；

33—39：旗手、军团长、皇帝和骑兵；

40—52：一名将军的凯旋仪式。

具体介绍

1：朱庇特，与古希腊的宙斯相对应。

2：忒提斯，同样与古希腊神话中名字相同的神明相对应。

3：阿波罗，同上。

4：马尔斯，战神，常以头戴战盔、手持武器的形象示人。

5：狄安娜，著名的狩猎女神，同样直接取自古希腊。

6：朱诺，生性严酷的女神，源自古希腊神祇赫拉。

7：密特拉，来自东方的神灵。他是太阳的化身。对他的崇拜在罗马士兵中广受欢迎，曾差一点取代了基督教在罗马的地位。

8：伊西斯，埃及女神，罗马帝国时期曾广受世人崇拜。

9—10：拉齐奥地区的农民及其妻子。他们成为年轻的罗马共和国有生的力量。

11—12：奴隶和他的儿子。他们的生存条件比较恶劣，但可以被人释放。

13：贵族。他们依靠贵族头衔与相应的财富谋取权力，他们的权势可以绵延数个世纪。

14—15：旅行者。罗马人把有套索的马车当作交通工具，不过与希腊人一样，他们常常徒步。

16：政务官。此人身着著名的白色托加长袍。这种长袍宽大笨重，长度是一个人身高的三倍，宽度是身高的两倍。

17：元老。元老穿着相同款式的托加，不过与其他罗马人不同的是，上面有一道红色条纹。

18—21：角斗士。鱼冠角斗士、三叉戟角斗士、斗兽士和色雷斯角斗士是斗兽场上的主力。当然，罗马还有其他种类的角斗士，不过，他们不是奴隶就是犯人，终日在封闭的营房中过活。

22：角斗士的主人拉涅斯塔（lanista），他负责主持角斗赛事，其权威不容置疑。

23：警备人员，负责警务工作。不过，由于罗马城中禁用武器，所以他只能手持一根结实的长棍。

24：祭司，负责主持各种官方的祭祀大典。

25：维斯塔贞女。维斯塔贞女必须信守戒律，保持童贞，守护圣火。如果铸成大错，就会被人活埋。

26：罗马共和国时期的军团士兵。他内穿丘尼卡长衣，外面套着锁子甲。这款锁子甲的形制是由马略规定的。他戴着的铜色头盔源头可追溯至伊特鲁里亚人的统治时期。

27：奥古斯都统治下的步兵。这一时期的锁子甲依旧比较严密紧实，但制作头盔的工艺得以改良，罗马人开始用钢铁制作头盔。

28：前1世纪的百夫长。此时，金属鳞甲已为锁子甲所取代。

29：图拉真军团中的士兵。自提比略皇帝即位以来，罗马军团便采用外形凸起的盾牌，并采用精英方阵“龟甲阵”。图中士兵的护胸甲由金属薄片组成，这便是大名鼎鼎的“环片甲”（orica segmentata）。

30：2世纪末期的士兵。显然，罗马军中又一次普遍采用鳞甲，这种发展趋势还会不断加强。

31：罗马帝国末期的军团。虽然头盔的形制已经简化，但士兵还得内穿紧身的鳞甲和长裤，外面套着涂有各种颜色的丘尼卡。

32：罗马帝国衰落时期的军官。此时的武器已没有创新之处，军队装备开始稀奇地向希腊式回归，拜占庭的影响显而易见。

33：旗手。此人头披狮子皮、豹皮或其他野生动物的外皮，走在整个军团的前边，将所缴获的军旗高高举起。

34：禁卫军军官。他们是皇帝的私人武装，有时会镇压皇帝，成为权力的仲裁者，但绝不会为自己谋取大权。

35：将军或将官，军队的统帅。自马略时代以来，将军的战服稍有变化。我们可以在很多皇帝的雕像上看到这种款式的“制服”。

36：皇帝。罗马君主并没有特制的服装，只有紫色为皇帝的专用颜色。

37：打仗时的坐骑。套在这种坐骑上的马具往往比较简单。

38：骑兵。罗马人既不擅长海战也不擅长马上作战，所以他们雇用水兵和骑兵，并取得了成功。

39：运动比赛中的骑兵。这种赛事在罗马帝国比较流行，准军事的赛事需要力量和灵巧兼备。

40：紧随凯旋战车的扈从。不断地提醒征服者“切勿忘记，你是凡人”，便是他的任务。

41：手持宝冠的人。他将黄金宝冠高举于凯旋者的头顶之上。

42：凯旋者。他左手握着一柄权杖，右手持有一截月桂树枝。

43：御者，手持套索驾驭马车便是他的职责。

44：凯旋式战车。车体全身为金色，仅供凯旋式使用。

45：随行的侍卫。他们与其他侍从一样，身穿白色的丘尼卡，披着红色的斗篷。

46：手持模板的人。多名手持招牌的人，提醒世人不要忘记征服者统率的大军所创下的丰功伟绩。

47：军号手，吹奏军乐的人围绕在战车四周，用相应的曲调演奏乐曲。

48：凯旋式上的马匹。人们为马匹配上相应的饰物，马具为金色的皮革。

49：侍从官。他们手持束棒陪伴在政府官员的左右。

50：侍卫。他负责看管有标记的犯人。

51：犯人。犯人围着一块缠腰布，被他人架着游街，任凭民众声讨。凯旋式结束后，他会被处死。

52：刽子手。在行刑之前，他绝不会离开犯人左右。

游览指南

古罗马广场

古罗马广场位于卡皮托尔山和斗兽场之间，面积广阔，是多处古罗马时期遗址的所在地。广场中既有为封神后的皇帝所修的神庙，也有会堂和商铺。作为集会、辩论和商贸场所，罗马共和国时期的广场在讲坛附近吸引了大批民众，元老们亦在位于广场内的元老院中就座。

实用信息

地址： 00186 Rome
票价： 免费入场。
开放时间： 夏季为8:00至次日1:00；1月1日和12月25日关闭。

帕拉丁山

相传，帕拉丁山是罗马的建城之地。迄今为止考古学家们的发掘同样表明，这里是罗马城最古老的区域。帕拉丁山与古罗马广场和斗兽场距离不远，是罗马的七大山丘之一，在这座山上，在美不胜收的花园中心，您可以发现历代古罗马帝王王宫的古老遗迹。

实用信息

票价： 成人12欧元；18~24岁学生7.5欧元；18岁以下和65岁以上者免票。您还可以凭票参观罗马斗兽场（联票）。
开放时间： 秋季和冬季为9:00—16:30；夏季为9:00至次日1:00；1月1日和12月25日关闭。

古罗马斗兽场

古罗马斗兽场是意大利游客最多的景点，是罗马之旅中不容错过的一站。这座建筑高大雄伟，令游人难以忘怀。据说，修建这座斗兽场的建筑师被扔到了竞技场中，去和猛兽搏斗，为他的工程付出了代价。

实用信息

地址： Piazza del Colosseo，1 - 00184 Rome
票价： 成人9欧元；18~25岁学生4.5欧元；欧盟成员国18岁以下和65岁以上者免票。
罗马斗兽场的门票可以让您游览帕拉丁山、参观帕拉丁博物馆。
开放时间： 4月至8月为9:00—19:30；9月为9:00—19:00；10月为9:00—18:30；11月至次年2月中旬为9:00—16:30；2月中旬至3月中旬为9:00—17:00；3月中旬至3月底为9:00—17:30；12月25日和1月1日关闭，售票处在场地关闭前1小时关闭。

万神殿

万神殿地处罗马的历史中心，位于纳沃纳广场与特莱维喷泉之间，是罗马的标志性建筑之一。

实用信息

地址： Piazza della Rotonda – 00186, Rome
票价： 免费入场。
开放时间： 平日8:30—15:30；周日9:00—18:00；法定假日9:00—13:00；1月1日、5月1日和12月25日关闭。

卡拉卡拉浴场

卡拉卡拉浴场（Terme di Caracalla）修建于塞普提米乌斯·塞维鲁和卡拉卡拉这两位皇帝的统治时期，于216年投入使用。卡拉卡拉浴场是罗马规模较大的浴场之一，占地面积11公顷。浴场外观朴素，内部镶嵌着马赛克图案，铺设大理石地砖。

实用信息

地址： Via delle Terme di Caracaiia，52 - Rome
票价： 6欧元；学生和老年人3欧元；18岁以下和65岁以上者免票。
开放时间： 周二至周日为9:00至次日1:00，周一为9:00—14:00。售票处在场地关闭前1小时关闭。
游客须知： 游客可以购买罗马考古学观光卡，参观9个景点——马西莫宫、阿尔腾普斯宫、巴尔比地穴、戴克里先浴场、罗马斗兽场、帕拉丁山、卡拉卡拉浴场、昆蒂利尼别墅、塞西莉亚·麦特拉的坟墓。观光卡的有效期为一周。

罗马的一场大火，从卡皮托尔山上的阿尔克斯要塞望去。左边是荣誉与美德神庙，后面较高的建筑是警戒者朱诺（Junon Moneta）神庙。中间是伊西斯方尖碑和阿乌古拉库鲁姆（Auguraculum）。远处，奎里纳莱山位于右侧，巨大的伊西斯-塞拉皮斯神殿和君士坦丁浴场便坐落其中

图书在版编目（CIP）数据

罗马 / （法）雅克·马丁著 ；尹明明，苏湘宁，宫泽西译. — 北京 ：北京出版社，2024.5
（时光传奇）
ISBN 978-7-200-17299-7

Ⅰ. ①罗… Ⅱ. ①雅… ②尹… ③苏… ④宫… Ⅲ. ①古罗马—历史—通俗读物 Ⅳ. ①K126-49

中国版本图书馆CIP数据核字（2022）第115846号

北京市版权局著作权合同登记号：01-2022-2347

责任编辑：王冠中　米　琳
责任印制：刘文豪

时光传奇
罗马
LUOMA
［法］雅克·马丁　著
尹明明　苏湘宁　宫泽西　译

出　　版　北京出版集团
　　　　　北京出版社
地　　址　北京北三环中路6号
邮　　编　100120
网　　址　www. bph. com. cn
总 发 行　北京出版集团
发　　行　京版若晴科创文化发展（北京）有限公司
经　　销　新华书店
印　　刷　北京雅昌艺术印刷有限公司
版　　次　2024年5月第1版
印　　次　2024年5月第1次印刷
成品尺寸　235毫米×305毫米
印　　张　9
字　　数　120千字
书　　号　ISBN 978-7-200-17299-7
审 图 号　GS（2022）3142号
定　　价　78.00元
印　　数　1—10 000
如有印装质量问题，由本社负责调换
质量监督电话　010-58572393
责任编辑电话　010-58572473